牧野愛博

JN179746

# 金正恩の核が北朝鮮を滅ぼす日

講談社＋α新書

プラスアルファ

# まえがき

## 理想潰えて不正はびこる

北朝鮮高官たちは最近、「核開発」ではなく「核兵器」という言葉を使い始めた。北朝鮮関係筋によれば、核兵器はすでに実戦配備の段階にあるという意味だという。

2017年1月1日正午（日本時間午後0時30分）、背広姿で現れた北朝鮮の金正恩（キムジョンウン）朝鮮労働党委員長は新年の辞で「大陸間弾道弾は締めくくりの段階にある」と語った。米韓合同軍事演習を中断しない限り、核兵器を中心にした先制攻撃能力を強化する考えも強調した。

父、金正日（キムジョンイル）総書記が2011年12月17日に死去した後、正恩が政権を握って5年。2016年夏に韓国に亡命したテヨンホ元駐英北朝鮮公使は12月27日、北朝鮮の核開発戦略について「2017年末までの時間表に沿って核開発を実現する」と韓国記者団に語った。「金正恩政権そのものが核兵器。正恩は10兆ドル積まれても絶対に核兵器を放棄しない」とも指摘した。

テ氏は正恩の思惑について「米韓で政権移行が続く2016年から2017年末が（核開発完了の）好機と考えている。核開発を止める措置をとれないという打算が働いている」と語った。正恩は2016年5月の党大会当時、パキスタンやインドのように事実上の核保有国の地位を獲得する方針を示していたという。テ氏は「（国際社会に）北に制裁は効かないと思わせれば、情勢を安定させる主張に変わる」という北朝鮮の思惑も紹介。正恩は国連が4回目の核実験に対する制裁を決議した2016年3月、高級アパートや複合商業施設などを集めた平壌（ピョンヤン）市の黎明（リョミョン）通りを10月の党創建記念日までに完成させるよう指示したという。

韓国の情報機関、国家情報院によれば、北朝鮮は咸鏡北道豊渓里（ハムギョンブクトプンゲリ）にある核実験場で、過去実験したことがない南側の3番坑道での実験に踏み切る態勢を整えている。2～5回目の実験があった北側の2番坑道でも人やトラックの活発な往来があるという。

正恩の2017年新年の挨拶は、自分がやりたいことだけを言い連ねた、「唯我独尊」という言葉がぴったり当てはまる内容だった。2016年5月に36年ぶりに開催した朝鮮労働党大会、その後に行われ市民に過酷な労働を強いた「200日戦闘」などの成果を自慢げに語ったものの、そこには具体的な数値はまったく示されていなかった。正恩は南北対話をうたったが、新年の挨拶を聞いた韓国政府関係者は鼻で笑った。「2016年だって対話しようと言っていたくせに、5日後には核実験をしたではないか」

北朝鮮関係筋は言う。「この5年でますます世の中はゆがみ、金日成（キムイルソン）が掲げた理想の共産社会など、どこをどう探してもかけらもない。人々は生きていくのに精いっぱいで、正恩が唱える理想と現実の隙間を埋めるため、社会的な不正行為や賄賂がはびこっている」

テ氏も語る。「国際社会の制裁などで、当局者たちは相当緊張している。北は一見、何も変わっていないように見えるが、内部は揺れ動いている。昼は金正恩万歳を叫びながら、夜は布団をかぶって韓国映画を見ている。韓流と麻薬の二つは北当局でも拡大を止められない」

国家情報院傘下の国家安保戦略研究院は2016年12月29日に発表した資料で、正恩がこの5年間で処刑ないし粛清した幹部は、張成沢（チャンソンテク）国防副委員長や玄永哲（ヒヨンヨンチョル）人民武力部長ら340人に上ると主張した。金日成国家主席や金正日総書記らを偶像化するため、計460以上の銅像や壁画を建設し、約1億8000万ドルを費やしたという。

北朝鮮当局が社会的な不正に病む一方で市井の人々が正恩の存在とは無関係にたくましく生きていく様は、本書のなかで詳しく語っていきたいと思う。

## ドナルド・トランプ対金正恩

新年の辞のなかで正恩は、ドナルド・トランプ米大統領についてまったく言及しなかった。北朝鮮は2016年11月にトランプ氏が米大統領に当選して以来、同氏への論評を注意深く避けてきた。大統領選中、「ハンバーガーを食べながら対話する」と語ったトランプ氏の心中を測りかねているのだという。

北朝鮮にとって、米国は「不倶戴天の敵」であるべき存在だった。金日成、金正日、金正恩はいずれも市民の選挙によって選ばれた人物ではない。北朝鮮の指導者たちは「選挙よりももっと素晴らしい正当性が我々にある」と強弁してきた。それが「朝鮮半島を支配した日帝を追い出し、日帝の代わりにかわいそうな南朝鮮（韓国）を支配する米国との闘争」だった。だが、いつまでも闘争している時間はない。正恩の足元は、ぼろぼろと崩れ始めている。トランプ政権こそが、決着をつけなければいけない相手になるかもしれない。

トランプ氏は２０１６年11月10日、オバマ大統領（当時）とホワイトハウスで会談した。当初10分間の予定だった会談は90分にまで延びた。トランプ氏は会談後、オバマ氏について「とても良い男だ。尊敬している」と語った。

米政府関係者によれば、オバマ氏はこの会談のなかで北朝鮮問題に触れた。オバマ政権は「戦略的忍耐」戦術を掲げ、北朝鮮が具体的な非核化措置をとらない限り対話をしないという態度をとり続けた。もっとも、後に本書で明らかにするように、オバマ政権は中央情報局（ＣＩＡ）を使って北朝鮮との間で何度も極秘接触を続けるなど、北朝鮮の非核化に熱心に取り組んだ面もあった。

イランやキューバ、ミャンマーとの関係改善を次々と演出したオバマ政権が、最後まで手を焼いた相手こそ、北朝鮮の金正恩政権だった。オバマ氏はトランプ氏に対し、「あなたにはいくつかの安全保障上の課題が待ち受けている。そのなかで北朝鮮は、あなたが解決しなければならない最優先課題の一つだ」と語ったという。米政府関係者の一人は「トランプ氏の頭にはすでに北朝鮮がインプットされている。トランプ政権が北朝鮮に取り組むのは予想以上に早いかもしれない」と語る。

トランプ氏は「自分こそは最高の交渉人」という自負が強い人物だという。誰もが刮目《かつもく》するような素晴らしい取引をまとめたいという野望に燃えている。北朝鮮に対してもそうだろう。正恩に対して「おまえが持っている核兵器を残らず持ってこい。俺が買い取ってやろう」と言い出すかもしれない。これは日韓両政府の一部にある予測だ。両政府関係者は「もっとも、お金を出すのは我々だろうが」とぼやきながら、行方を見守っている。

だが、トランプ氏はいったん自分が考えたとおりの展開にならないとみるや、強引に相手を屈服させようともする。その場合、北朝鮮を待っているのは、これまでに経験したことのないような強力な経済や軍事措置を織り交ぜた制裁かもしれない。別の日本政府関係者は「別にミサイルで限定爆撃する必要はない。今の時代、サイバー攻撃もできるし、USBで外部世界の情報をどんどん市民に流してもいい。北を混乱に陥れる手段はいくらでもある」と語る。

トランプ氏は大統領就任式直後に発表した主要政策で、北朝鮮などからのミサイル攻撃を防ぐ最新鋭のミサイル防衛システムを開発すると表明した。

一方、正恩は2017年の新年の辞でICBMの開発について「締めくくりの段階」と言及。同時に「(自らの)能力が至らないもどかしさと自責の念」に触れた。北朝鮮関係筋は「誰も自分を脅かせないという、恐ろしいほどの余裕と自信を感じる」と解説する。

朝鮮戦争の後、米国と北朝鮮の高官が初めて相まみえたのが1992年1月、アーノルド・カンター米国務次官と金容淳（キムヨンスン）朝鮮労働党書記による会談だった。それから四半世紀。北朝鮮の核問題は大詰めを迎えようとしているのかもしれない。

※本書の内容は著者の個人的見解であり、所属する組織を代表するものではありません。

**金正恩「核開発」略年表**

| | | |
|---|---|---|
| 2011年 | 12月 | 金正日総書記死去、金正恩権力継承 |
| 2012年 | 2月 | 米国との間で食糧支援などと核開発凍結などを合意 |
| | 4月 | 長距離弾道ミサイルを発射 |
| | | 朝鮮労働党第1書記に就任 |
| | 12月 | 長距離弾道ミサイルを発射 |
| 2013年 | 2月 | 3回目の核実験 |
| | 4月 | 寧辺核施設の稼働再開を宣言 |
| 2014年 | 11月 | クラッパー米国家情報長官が訪朝 |
| 2015年 | 5月 | 潜水艦発射型弾道ミサイル（ＳＬＢＭ）の海中射出実験 |
| | 8月 | 軍事境界線近くでの地雷爆発事件で南北緊張 |
| 2016年 | 1月 | 4回目の核実験 |
| | 2月 | 長距離弾道ミサイルを発射 |
| | 3月 | 「核爆弾」と主張する物体を公開 |
| | 5月 | 朝鮮労働党大会で労働党委員長に就任 |
| | 9月 | 5回目の核実験 |

弾道ミサイルの大気圏再突入模擬実験を指示するとされる金正恩。写真：朝鮮中央通信＝共同、2016年3月15日配信

◉もくじ

## 第2章　身を滅ぼす政策



## 第3章　恐怖政治と粛清

## 第4章　世界をまったく知らない男



## 第5章　金正恩斬首作戦

# 第1章　金正恩の素性

## 独裁者の幼年時代

1991年ごろ。3人連れの旅行客が東京のホテルオークラに宿泊した。背が高く、美しい30代の女性ともう一人の地味な女性、そして小学校に上がったばかりと思われる男の子。女性2人は、姉妹かと思われたが、地味な女性がかいがいしく他の2人の面倒を見ていた。男の子は物怖じしない様子で、地味な女性に世話を焼かれるままにしていた。

この3人は他の客たちと様子が異なる点が二つあった。一つはフロントに出した旅券。アジア人の顔立ちだったが、旅券は中南米の某国のものだった。そして、もう一つは、フロアにけっして目立つことはないが、3人をずっと見つめる複数の目があったことだ。

この子どもが20年後、北朝鮮の独裁者となるとは、見つめる人たちも想像がつかなかった。

3人は幼年時代の北朝鮮最高指導者、金正恩朝鮮労働党委員長と母の高英姫（コヨンヒ）、そして付き添いの女性だった。当時、金正日に「3番目の妻」がいるらしいという噂はあった。しかし、韓国の情報機関、国家安全企画部（現・国家情報院）はすでに、それが高英姫であることをつかんでいた。もちろん、むやみに発表することはなかった。発表するのは、それがたとえば、金正日のスキャンダルとなって市民の信頼を失墜させることができるといった「北朝鮮への打撃」につながるときだけだった。

フロアにいたのは彼らではない。彼らから情報をもらった日本の警察当局だった。韓国側は、日本に情報を流せば、客室に盗聴器を仕掛けるなどして、もっと情報を取るのではないかと期待した。だが、韓国と異なり、法規制の厳しい日本の警察はそこまでしなかった。

3人連れは数日、ディズニーランド観光や都内のショッピングを楽しみ、帰って行った。一部始終を見守った人々には、強い愛情で結ばれた母子の姿が焼き付いた。

平壌市の北東部に広がる大城山（テソンサン）。ここには、北朝鮮の建国に特に功績のあった政治家や軍人、官僚など百数十人の幹部たちが眠る大城山革命烈士陵がある。特別な人たちだけが眠ることを許される場所だ。建国の父、金日成国家主席の妻にして、金正日総書記の母で、2人と並ぶ「革命3大将軍」と呼ばれる金正淑（キムジョンスク）、クリントン政権の2000年10月、ホワイトハウスに乗り込んだ趙明録（チョミョンロク）将軍らがいる。抗日パルチザンとして血統を特に重んじる北朝鮮の「選民思想」を具現化した場所とも言える。

たとえば、2016年5月20日に食道ガンで死去した姜錫柱（カンソクチュ）の場合、党国際部長や副首相まで務め、1994年の米朝ジュネーブ合意や2002年の日朝平壌宣言などに功績のあった人物で、国葬まで執り行われたが、彼はここで眠ることを許されず、やはり平壌市にある新美里愛国烈士陵に葬られた。脱北した元北朝鮮政府関係者は「姜《カン》の一族は抗日パルチザンではなかったからだ」と証言する。

この大城山革命烈士陵からさらに山を上り、陵墓とは反対側の斜面に2012年、たった1人の人物のために、広大な陵墓が造成された。高英姫の墓だ。同地を訪れた人によれば、周囲は松林に覆われた静かな場所だという。数キロ離れた場所には、夫の金正日と義父の金日成が眠る錦繍山（クムスサン）太陽宮殿がある。

この広大な陵墓こそ、乳がんを患って2004年にフランスで客死したとされる母親に対する、正恩の深い思慕の表れだった。陵墓は、正恩が正式に後継者として指名された2009年に建造が始まった。

## 許されない結婚

それまで高英姫は存在が深く秘された存在だった。在日朝鮮人の娘として生まれ、万寿台（マンスデ）芸術団の踊り子として活躍した後、金正日や高級幹部を接遇する「喜び組」に選抜されたことが契機となって、1970年代末ごろに金正日の3番目の妻として迎えられたとされる。ただ、金正日には金英淑（キムヨンスク）という正妻がいた。さらに、在日朝鮮人は、北朝鮮では「帰胞（キポ）」と呼ばれ、二級国民としての扱いに甘んじていた。

在日朝鮮人のほか、日本国籍を持つ配偶者と子ども計9万人余りが1950年代から80年代にかけての帰還事業で北朝鮮に渡った。「祖国建設」の志に燃える人々だったが、資本主義と社会主義の違いや、厳しい言論統制などに苦しんだ。北朝鮮の人々からすれば、自分たちよりも豊かな服装をし、不平不満を漏らし、アクセントの変な朝鮮語を話す異分子に映った。金日成ら抗日パルチザンの密営があり、金正日もそこで生まれたと宣伝した「白頭山（ペクトゥサン）血統」という金看板で着飾った北朝鮮指導層とは対極をなす存在だった。よりによって、そんな結婚が許されるというのか。

金正日は高英姫を、ただの一度も父、金日成に会わせることはなかった。もちろん、3人の子ども、長男の正哲（ジョンチョル）、次男の正恩、長女の与正（ヨジョン）も祖父に会うことはなかった。

高英姫と3人の子どもは、平壌や地方にある金正日の別荘、特閣に住み、外界とは厳しく隔離された。広大な敷地の外周は警備の兵士が守りを固めたが、逆に言えば、正恩たちが自由に外出することも許さなかった。

贅沢《ぜいたく》は許されていた。特閣には映画館や乗馬場、バスケットコートなどが備わり、海辺では水上スキーやクルージングも楽しめた。

食事も豪華だった。朝鮮料理だけでなく、和洋中すべてのジャンルの食事が、最高の品質で提供された。

食品ではないが、北朝鮮の役人たちはかつて、金日成の健康のため、名勝地の妙香山から巨大なパイプで平壌の主席宮に新鮮な空気を送ろうとしたことまである。

もちろん、嗜好品も潤沢にあった。

2007年10月4日、金正日は、平壌の百花園（ペクファウォン）招待所で開かれた盧武鉉（ノムヒョン）韓国大統領の送別昼食会で、仏ミッシェル・ピカールのブルゴーニュワインをふるまった。同社のワインは大衆的で、市価は3000円程度。高くても6000円台、安い物では1000円台のものもある。だが、金正日が本当に好きだったのは、ボルドーの5大シャトーの一つ、シャトー・ラトゥールだったというのは有名な話だ。最高級ワインで一本の平均価格は8万円をくだらないとされる。

しかし、正恩たちが滞在する特閣を訪ねてくる人間はごく限られていた。北朝鮮の国会にあたる最高人民会議の代議員は、2014年の選挙で選ばれたのはわずか687人に過ぎないが、その大半も、高英姫母子の存在は知らされていなかった。

金正日は高英姫を深く愛したが、母子がいる場所に常にいるわけではなかった。現地指導のために、各地方を回ることもあったが、愛人も複数いた。「平壌市内を歩けば、一日に1度は将軍様と同じ顔の子どもとすれ違う」という戯《ざ》れ言が流行するほどだった。

## 父への憎しみ

1984年1月8日に生まれた正恩は結局、1996年9月にスイスに留学するまでの間、この特閣暮らしを強いられた。最も長く滞在していたのが、東部の日本海沿いにある元山（ウォンサン）市の特閣だったという。正恩は元山を自らの故郷と感じたのか、2009年4月に初めて正式に金正日の現地指導に付き従ったのが元山農業大学だった。正恩は、元山市郊外のカルマ半島などのリゾート開発にも乗り出している。

この間、正恩は竹馬の友とも言える友人を持つことを許されなかった。いつも一緒に遊ぶ人間と言えば、兄の正哲か妹の与正しかいなかった。それ以外は、つねに過剰なまでの阿諛《あゆ》追従を連発するお付きの人間しかいなかった。

こうしたゆがんだ生活がいったい、正恩に何をもたらしたのか。

それは過剰な自己愛と母親への同情心、そして父親への憎しみだった。

かつて数十年間にわたって北朝鮮分析を担当してきた日本政府の元当局者は正恩の気質について、「自己愛性パーソナリティー障害（NPD＝Narcissistic personality disorder）ではないか」と語る。

過剰に自分を愛し、特権意識を持ち、自分への同調を迫る。自分が受け入れられないと見るや、残虐なまでの過剰な反発を見せる。「自分の指示を聞かなかったから」という理由で、次々と高官を処刑し、親子ほども年の離れた高官たちの前で、ふんぞり返って尊大にふるまうその姿こそ、この症状の特徴といえる。

人間は生まれつき、誰しもこの気質を持っているという。幼い子どもたちに、「将来就きたい職業」を聞けば、「パイロット」「プロ野球選手」など、自分を顧みない無邪気とも言える答えが返ってくるのもその一つの表れだ。

しかし、それも小学校、中学校と進むと、いろいろな友人のなかでもまれ、徐々に客観的な「自分」という人間の存在を認知しはじめる。「友達がこのくらいの実力なら、自分はこのくらいがせいぜい」という判断ができるようになり、自分の存在や位置づけを改めて認識していくのだという。

正恩にはその過程がまったく欠落している。子どものころから「少年大将」と呼ばれ、周りの大人たちは、正恩の不興を買いはしないかと、つねにおろおろしていた。父、金正日も高英姫親子を正式の妻子として認めてやれない罪悪感もあったのだろう、過剰なまでに甘やかした。

では、正恩はそんな父親の葛藤をどう受け止めていたのだろうか。韓国の情報機関、国家情報院（国情院）は、「金正恩が最も憎んだのは父、金正日ではなかったか」という分析を行っている。

国情院は、「世界最強の閉鎖国家」と呼ばれる北朝鮮を相手に、さまざまな情報戦を仕掛けている。無線電波の傍受、偵察機による写真撮影、スパイによる情報収集など何でもござれの世界。そのなかの一つが「読唇術」だ。

北朝鮮の朝鮮中央テレビは頻繁に正恩の現地指導の様子を紹介している。身辺保護や情報管理のためだろう、撮影した月日の紹介もなく、音声が伴うこともない。激しい身ぶりで大げさに指導する正恩の様子や、それを恭しく拝聴する幹部たちの姿が映っているだけだ。ただ、正恩の口元が映ることはある。国情院はこれをつねに読唇している。

その結果わかったことは、きわめて即興的で下品な言葉遣いにあふれているという事実だ。専門的で詳細な知識を持っているわけではなく、合理的で開明的な指示もない。気にくわないことがあれば、「ケーセッキ（犬の子ども野郎）」と罵倒し、たまに気に入ったことがあれば、「もっとやれ」とけしかける、そんな程度だ。

そのなかで、国情院は一つの分析をした。「金正恩は現地でよく怒る。それには二つの理由があるのではないか」と。

一つはよく言われている個人的なコンプレックスとストレス。まだ30そこそこの若造で、「自分が何も知らない」と周囲は見下しているのだろう、そんなことはないと思い知らせてやりたいという感情だ。

そしてもう一つは、「父親に対する侮辱」であると、国情院は結論づけた。自分や母が日陰者として、世間と隔絶されて生きていたとき、父は多くの愛人を抱え、自由気ままに生きていた。

だが、父を侮辱することはできない。そんなことをすれば、「白頭山血統」を唯一の旗印にして後継者となった自分自身を否定することになる。「父を直接侮辱できないので、父と一緒に仕事をしていた人間を侮辱している」。そう国情院は分析した。その最大の事件が、

２０１３年12月に起きた父の最側近で自分の叔父である張成沢元国防副委員長の処刑劇だった。２０１６年６月の最高人民会議で、父が権力の象徴とした国防委員会を事実上廃して、国務委員会をつくったのも、父への反抗の表れと言えるだろう。

## 亡き母の偶像化

一方、父への憎悪は、母への深い思慕を一層強める結果になった。

母、高英姫は３人の子どもの行く末をつねに案じていた。金正日が１９７１年に前妻、成恵琳（ソンヘリム）との間に設けた長男、金正男（キムジョンナム）の存在があったからだ。高も成も正妻ではない以上、その子どもたちは、北朝鮮で言う「キョッカジ（枝）」であり、本流とは言えない。金正日が権力を争い、追い落とした金平一（キムピョンイル）も、後妻の金聖愛（キムソンエ）との子でありキョッカジだった。そのため、高は自分と親しい朝鮮労働党組織指導部の李済剛（リジェガン）、李容哲（リヨンチョル）両第1副部長に自分の子どもたちの保護を頼み込んだ。

李済剛たちは一度、「朝鮮人民軍の母」運動を展開したことがあった。高の名前は出さず、偶像化することで権威を高め、その子どもたちを後継者の地位に近づけようという狙いがあったが、金正男を推す張成沢たちが抵抗、最終的には権力争いが激化することを恐れた金正日の命令で、この運動は頓挫《とんざ》した。

２０００年にスイスから帰国した正恩はこの顚末《てんまつ》をみていた。彼が２００９年に後継者の地位を確保した直後に行った事業が、大城山の、かつての革命烈士たちよりも高い位置に、亡き母の陵墓を築くことだった。

陵墓が完成し、父が死去した直後の２０１２年、正恩はいよいよ、亡き母の偶像化に着手した。

まず、正恩の誕生日の1月８日、一本の記録映画を公開した。そこで、父の誕生日の２月16日に、現地指導から戻らぬ父を「お母様と一緒に夜を徹して待った」という正恩の言葉が伝えられた。２月13日付の労働新聞は、金正日生誕70周年を祝うとする叙事詩を紹介。そこで、高英姫を「平壌のお母様（オモニム）」という言葉で紹介。かつて李済剛たちが「朝鮮人民軍の母」運動を展開したことを想起させた。

そして5月には、『偉大なる先軍朝鮮のお母様』という記録映画が一部の幹部向けに公開された。85分間の映画のなかで、高英姫が金正日と一緒に現地指導に赴いたり、幼い正恩と過ごしたりする映像が紹介された。

ここでは、李恩実（リウンシル）という名前が使われた。1980年代に中央党の副部長を務めた父を持つ脱北者によれば、李恩実こそ、高英姫の北朝鮮での変名だという。韓国に亡命したテヨンホ元北朝鮮駐英公使によれば、大城山の陵墓には先軍の母とだけ刻まれていた。陵墓もやはり、一部の幹部たちに限って公開された。

だが、こうした偶像化運動はわずか半年で、またもや頓挫した。記録映画はお蔵入りとなり、陵墓への立ち入りも禁じられた。公式メディアは再び、高英姫への言及を避けるようになった。テ氏によれば、正恩が事前に一部の高級幹部に映画を見せたところ、全員が「失うものばかりで得るものがない」と猛反対した。映画は結局、外部に漏れたが、北朝鮮当局は情報を流した関係者を探し出して処刑したという。

北朝鮮関係筋によれば、韓国や日本のメディアが、一連の偶像化運動を詳しく報道。北朝鮮が神経を遣い、高の実名を出さないことが却《かえ》って好奇心をかき立て、つねに「在日朝鮮人だから」「正恩の出生の秘密」などと書き添えたことが、平壌をはじめとする北朝鮮住民たちの耳に逆流して入ったこともあったという。

自分たちが尊敬してやまない最高指導者がキョッカジであり、しかも二級国民である在日朝鮮人の息子であるなどと、どうして明らかにできようか。

金正恩はその後、党創立記念日の10月10日や祖父の誕生日の4月15日、父の誕生日の2月16日など、節目の日ごとに、祖父と父が眠る錦繡山太陽宮殿に幹部とともに参拝を繰り返している。しかし、正恩が本当に訪れたいのは、そこから数キロ離れた大城山の陵墓ではないのか。彼が脳裏に最も深く刻み込んでいる日とは、母の誕生日の6月26日、命日の8月13日であることは間違いない。

## スキーに熱中した日々

正恩は1996年9月から2000年8月までスイスに留学した。韓国政府関係者は「スイスはかつて、北朝鮮が秘密資金を自由に引き出せる便利な国だった。だからロイヤルファミリーの教育もスイスでやった」と語る。金正日時代、北朝鮮が海外に隠匿した秘密資金は30億ドルとも50億ドルとも言われる。その相当額がスイスの口座に隠されていた。カネを管理していたのは当時スイス駐在大使として赴任していた李洙墉（リスヨン）だった。

正恩が暮らしたアパートは、首都ベルンの閑静な住宅街にあった。ベルン駅からバスで約10分。シュタインホルツリで降りて徒歩数分。超高級とまでは言えないが、モダンなアパートやスーパー、食堂が軒を連ねる。自宅は大通りから脇道に入って数分。地上3階建てで、地下1階建てのクラシックなアパートだった。

当時の友人たちの証言によれば、女性2人と男性1人がつねに付き添い、身の回りの世話をしていた。自宅には大きなステレオセットが置かれ、訪れた友人たちにはコーラやお菓子などがふんだんにふるまわれたという。

正恩は当初、「パク・ウン」の変名で、当初はベルン駅から列車で10分ほど離れたギュムリゲン駅そばのインターナショナルスクールに通ったが、間もなく移った公立学校でドイツ語などを学んだ後、1998年9月に自宅から徒歩数分のリーベフェルト・シュタインホルツリ公立学校に転校したとされる。そこでは北朝鮮大使館員の息子と名乗り、日本の中学に相当する7年生から9年生の途中まで過ごした。

あまり楽しい記憶がなかったと思われるインターナショナルスクール時代だが、正恩や後の北朝鮮に大きな影響を与えたことが一つあった。当時12歳の正恩少年は毎年1月から3月まで計7回にわたり行われるスキー教室に参加し、そこでスキーに熱中したという。

ベルン駅から列車で1時間45分、急峻な山々が左右に迫る場所に、正恩が通ったツバイジンメン・スキー場があった。中級クラスに人気があるベルン近郊のスキー場の中心地だ。

インストラクターの一人、クルト・ミューラー氏は「インターナショナルの生徒は200

人が毎回参加した。スノーボードが70人、スキーが130人だ。7回の授業をこなせば、10歳の平均的な運動神経の子なら、ここのコースをすべて滑ることができるようになる」と語った。

北朝鮮の人々はスケートこそよく楽しむものの、スキーはけっして一般的なスポーツではない。スキー場までの移動も大変だし、装備にカネもかかる。そもそも、一般の人が楽しむスキー場などどこを見てもなかった。たまにあるスキー場は、国家代表選手か山岳警備隊が練習や演習を行う場でしかなかった。

正恩は2013年末、日本海側の都市・元山の近郊に馬息嶺（マシンリョン）スキー場をオープンさせた。総工費は1500億円を超えたとされる。コメなら北朝鮮の年間消費量の半分を占める200万トン以上、中国産トウモロコシなら400万トン以上をそれぞれ購入できる金額だ。

スイス政府関係者らによれば、北朝鮮は2013年6月、馬息嶺スキー場で使うとして、スイス企業にリフトやゴンドラなど総額700万スイスフラン（約7億6000万円）相当の輸出を依頼したが、スイス政府が介入して不成立の憂き目に遭った。

ツバイジンメン・スキー場には標高948メートルの始発駅から約25分で、標高2011

メートルの山頂、リンデルベルク駅まで上るケーブルカーがある。正恩もこれに乗り、北朝鮮で再び楽しむことを夢見たのかもしれない。

北朝鮮は馬息嶺スキー場を「世界一流の大衆スポーツ観光拠点」と呼ぶ。ミューラー氏に同スキー場の計画図を見せて、感想を求めた。

「休息や食事の施設が一ヵ所に集中しているのはいいね。コースの取り方も単純で、必ず同じ場所に戻って来るというのはいいと思う。ただ、ゴンドラは1人乗りだというが、それでは国際大会は難しい。コースの長さも、第1走路以外は、まったく足りない。やはり、北朝鮮はスキーの経験がないから、突然高いレベルのものはできないだろう」

オープンした馬息嶺スキー場にある10のコースにリフトは5本だけだった。旧式の2人乗りだったが、どうやって国際社会による経済制裁の圧力をかわしたのか、ドイツ製とスイス製だったという。

## 親分肌のプレースタイル

正恩がスキーの他にも熱中したスポーツがある。バスケットボールだ。

いつも放課後の午後4時ごろから2時間以上、公立学校の同級生たちと近くの高校のコートでバスケットに熱中した。正恩はナイキのバスケットシューズ「エアジョーダン」を履いていて、仲間をうらやましがらせた。１９９０年代はＮＢＡ（全米プロバスケットボール協会）シカゴ・ブルズの黄金時代。正恩は、マイケル・ジョーダンやトニー・クーコッチ、スコッティ・ピッペンら当時のメンバーと1対1で撮った写真を持っていた。パリであった親善試合にお忍びで出かけて、撮影したという噂だった。

プレースタイルは親分肌で、よくチームメートに指示を飛ばした。試合に負けると、怒鳴り散らすということはなかったが、よく仲間で集まって敗因を分析し合ったという。バスケットボールをやった後は、汗を流すこともかねて、水泳も楽しんだともいう。

指導者になって、ブルズ黄金時代のメンバーを北朝鮮に招待したが、軒並み断られ、わずかにデニス・ロッドマンだけが応じて2度訪朝したとされる。

「金正日が映画狂なら、正恩はスポーツ狂だ」。韓国政府関係者はこう話す。父の金正日は映画が大好きで、古今東西の名画を集めて空輸させ、プライベートな映写室で楽しんだという。正恩も負けていない。権力継承後の２０１２年11月には、スポーツ政策全般を統括する機関として「国家体育指導委員会」を新設した。スキー場だけでなく、美林（ミリム）乗馬場、メアリ射撃場、紋繍（ムンス）遊泳場などを次々にオープンさせた。

趣味に熱中する気質は父親とそっくりだが、違う点もある。父親は趣味を自分の生き残りの道に役立てた。芸術を思想統制や個人独裁の手段として十二分に活用したからだ。

1967年に北朝鮮で公開された映画が、金日成と対立していた甲山派（カプサンパ＝国内パルチザン派）を称賛しているのではないか、という批判が出た。金日成は怒り、この映画を徹底的に批判して、新たな映画をつくるように指示した。この機会を利用したのが、金正日だった。全国から芸術家や作家、美術家などを集め、宣伝煽動《せんどう》部の文化指導課長として『血の海』『花売る乙女』などの映画を次々つくって激賞された。

金日成が金正日を後継者にしたいとほのめかしたのは還暦の誕生日を迎えた1972年4月、公式に後継者としてデビューしたのは1980年の党大会だった。まだ、権力闘争が始まって間もないなか、金正日は自分の趣味と才能すべてをつぎ込んで闘うことを強いられたことが、逆に趣味を単なる遊びに終わらせない結果につながった。

また、金正日もスポーツを国威発揚の手段として利用した。たとえば1999年8月、スペイン・セビリアで行われた世界陸上女子マラソンで優勝した鄭成玉（チョンソンオク）選手の場合、平壌市の沿道で30万人が出迎え、金正日は鄭選手が大会でつけていたゼッケンの番号と同じ772のプレートをつけたベンツと、高級マンションを贈った。当時、平壌で彼女を出迎えた脱北者は、「特に日本（2位の市橋有里選手）に勝ったことが大きかった。レース直後のインタビューで、『将軍様の指導の賜物』と言ったことが、彼女の運命を決めた」と語る。鄭選手には最高の「共和国英雄」称号も贈られた。

**「体育強国」**

正恩の場合、スポーツを住民統治の手段に利用するという発想は間違っていないかもしれない。ただ、「正恩は金正日と違って世間を知らない」（韓国政府関係者）という欠点が垣間見える。

金正日はスポーツを政治利用したが、けっして背伸びをしたわけではない。自分から無理な目標を掲げて恥をかくことはなかった。自分の趣味の映画を政治利用したが、これは国内に限った話だった。ところが、正恩は「体育強国」を標榜した。そして2018年の平昌（ピョンチャン）冬季五輪の「一部を北朝鮮で行う分散開催」をもくろみ、現実に2015年ごろまでは、訪朝した韓国の関係者らをしきりに馬息嶺スキー場の視察に誘った。

だが、かつてのナチスドイツが1936年8月に開催したベルリン五輪のように、北朝鮮が五輪を開催できるだけの経済力や世界的な信用があるわけではない。ナチスはベルリン五輪を利用して、自らを平和勢力のように取り繕ったが、それも、36年の時点ではそう思わせるだけの力がまだ残っていた。

しかし、北朝鮮には国際大会の開催基準に満たないお粗末な施設しかないうえ、国際的な信用もすでに地に落ちている。南北関係も、2016年1月の4回目の核実験を契機として決定的に悪化し、「分散開催」の夢は霧散した。

北朝鮮の市民たちは、1990年代の「苦難の行軍」と呼ばれた大飢饉の時代こそ脱したものの、派手な趣味に時間を費やすだけの余裕はまだない。

馬息嶺のスキー場の利用料金は、リフト代を含めて4時間あたり、北朝鮮国民6万2000ウォン、外国人1470ウォン。対外用のレートは1ドル＝96ウォン、国内用が1ドル＝8300ウォン。実際の料金は、対外用が15・3ドル、国内用が7・47ドルだが、国が支給する1ヵ月の平均月収が5000ウォン程度、特権階級の人々が住む平壌市内でも100ドルあれば、4人家族が1ヵ月楽に暮らしていける北朝鮮にあって、簡単に手が出せる金額ではない。そこにノルマとして、各地区単位、職場単位でスキー客が送り込まれるという。

2014年1月19日、小さな悲劇が起きた。この日、平壌の企業所から選抜された市民約

50人が平壌と元山を結ぶ高速道路を使ってオープン間もない馬息嶺スキー場に向かった。もちろん、スキー場にやってくる外国人やメディアに見せつける対外的な宣伝のためだった。「馬息嶺」とは、「馬の息も上がるほどの難所」という意味がある場所だ。当時、路面は凍結し、積雪もあり、非常に悪条件だった。スキー場近くでチェーンもつけていないバスはスリップを起こし、脇の渓谷に転落。死者は20～30人に上ったという。すぐに、近くに駐屯する朝鮮人民軍の第5軍団と第10軍団が動員されて救助したが、作業は難航した。住民たちには直ちに箝口令《かんこうれい》が出されたという。

父、金正日は激しい権力闘争につねにさらされていた。だから、スポーツも趣味の映画も、うまく政治に利用できた。正恩が趣味を楽しんだのは、厳しい北朝鮮の社会から遠く離れたスイスの留学時代だった。韓国の国家情報院関係者は言う。「酒の飲み方からして父と子ではまったく違う。2人とも酒は好きだが、父は注意深く周囲の様子を窺い、話もよく聞いていた。息子はといえば、ひたすらお世辞を聞いて愉快に飲むだけ。それでは世間のことはわからない」

## 殺されないための虚勢

金正恩が権力を握って迎えた初めての誕生日にあたった2012年1月8日、北朝鮮は1本の記録映画を放映した。そこでは、金正恩が自ら戦車を操縦する場面が映っていた。

2014年12月30日に放映された記録映画では、操縦桿を握り、自ら飛行機を離着陸させた。2016年春になると、朝鮮中央通信は、軍事への執着と熱狂ぶりがますます露わになった正恩の姿を次々配信した。

3月4日と22日には新型の大口径多連装ロケットの試射、9日に核爆弾と弾道ミサイルの視察、11日には弾道ミサイル発射訓練と戦車部隊の演習、15日には弾道ミサイルの大気圏再突入実験、20日には大規模な上陸演習と続いた。4月以降も潜水艦発射弾道ミサイル（SLBM）やムスダン中距離弾道ミサイルの発射を直接視察した。

一連の視察で目に付いたのが、正恩の「細かい指導」ぶりだ。とにかく、兵器の一つ一つに触りたがる、兵器の性能や部隊の戦術に口を出す、あげくは戦車の操縦のように、自分が実際にやってみせようとする。公開された映像のなかには、プロパガンダも含まれていると思われるが、正恩のそばには、核爆弾の設計図や韓国への進撃ルートを書き込んだ戦略図なども映っていた。

父、金正日も軍部隊を頻繁に視察したが、ここまで細かくなかった。将軍たちの話を聞いて、部隊の人々と集合写真を撮り、差し入れのカップラーメンを配る、というのがおきまりのコースだった。兵器の性能に口を挟んだり、自ら兵器を手に取ったりすることはなかった。

どうして、こんな違いが生まれるのか。

一つは、正恩自身の性格がある。米国はかつて正恩の存在が明らかになった2009年ごろから、留学先のスイスの元同級生らにインタビューして、その人となりを探った。

米政府の分析結果は「金正恩の気質には四つの特徴がみられる」というものだった。四つの特徴とは、「dangerous（危険）、violence（暴力）、unpredictable（予測不能）、delusions of grandeur（誇大妄想）」に分類されたという。

非常にプライドが高いため、現地指導先でも受け入れ側が準備したプログラムによくケチをつける。決められたコースを回ることを嫌がり、勝手に予定を変更する。

2013年春には、途中で視察に飽きたため、自分で車を運転して帰ってしまった。警護の変更が間に合わず、現場は大混乱に陥った。通行禁止措置を取っていなかったため、近づいてきた一般車を身を挺《てい》して止めた平壌市の女性警察官が、「不意の状況で英雄的犠牲精神を発揮し、その安全を守った」として、「共和国英雄」の称号が授与されるというエピソードまで生まれた。

韓国の情報関係者は「正恩は自分が若く、何も知らないという事実に強いコンプレックスを抱いている」と語る。そして、異常に高いプライドと相まって、逆に「俺は何でも知っている」という態度を生み出し、細かいところまでいちいち口を出す指導スタイルになっている。正恩の指導者像を売り込む役割を持つ朝鮮労働党宣伝煽動部も口を出せない。たしかにリアリティーを持たせることにはなるという判断が半分、残りは「下手に口を出して不興を買ったら、恐ろしい結果になる」という怯えがあるのだろう。

そしてその暴力的で危険な性格が、正恩を無類の軍事好きな行動に駆り立てている。これも「コンプレックスの裏返しだ」と先の韓国の情報関係者は語る。

「正恩は米国に非常に強い恐れを抱いている。いつ殺されるかもしれないと怯えている。だから、逆に虚勢を張りたがる」。殺されないための虚勢とはすなわち、軍事への依存しかない。

## 父からのプレゼントは軍事だけ

一方、北朝鮮自身が抱える事情も、正恩が軍事に頼らざるを得ない状況をつくり出した。

一冊の教本がある。Ｂ５版で６ページ。金正恩が後継者に決まった２００９年につくられ、正恩が公に登場した２０１０年９月の朝鮮労働党代表者会後に、全党員に対して学習の義務が課されたものだ。

題目は「尊敬する金正恩大将同志は、偉人の風格と資質を完璧に体現し、偉大な将軍様の思想と領導を忠実に受け止めておられる白頭山型の将軍であられる」。

これは、正恩が金正日の後継者としてどれほど素晴らしい資質を備え、民衆が従うにふさわしい指導者であるかを、細かなエピソードを交えて紹介した学習資料だ。

この教本では、正恩の素晴らしさを四つの根拠から取り上げている。第１は金正日に対する最高の忠誠心、第２は素晴らしい思想と知識の持ち主、第３は人民に対する深い愛情、そして第４に、「偉大な将軍が身につけ名将の非凡な天品と資質をそのまま体現する軍事の天才」という項目が挙げられている。具体的には「飛び抜けた軍事的な知略で敵を断固として制圧する無敵必勝の将軍である」「百発百中の射撃術を持つ天下第１の名射撃手」などの記述が並ぶ。

エピソードもいくつか紹介されている。それによると、正恩は生まれながらの天才で、3歳で自動車を運転し、8歳になると1人で車を運転して160里（日本の16里＝63キロ）を走ったという。

10代になると、もう古今東西の世界の名将の理論を把握した。金正恩は16歳だった2000年の夏にスイスから帰国し、金日成軍事総合大学に入学したという。わずか3年余りで軍事学を究めていたことになる。

たしかに教本のエピソードでは、正恩は大学時代、朝4時から人民の作戦案を耽読したことになっている。軍事家たちが一生かけても読破できなかった陸海空歩兵などの各軍種、兵種分野を完璧にマスター。全軍を指揮、統括できる図抜けた領軍術を持つ霊将としての資質を完璧に備え、軍事大学の教授が「大学に来て1年でもう教えることがない」と発言したという。正恩は2006年12月24日に金日成軍事総合大学を満点で卒業したと、教本は紹介している。

かつて正恩が金正日とともに現地指導した際、金正日が砲兵戦術案について正恩の意見を求めたところ、その場で戦術案をつくって皆を驚かせたという。

北朝鮮は２００９年４月、長距離弾道ミサイルを発射した。このとき、正恩は「敵が我々の衛星を迎撃するなら、敵の牙城までも無慈悲に消してなくしてしまうという先軍朝鮮の意思を全朝鮮の前に宣言する」と吠えた。そのうえで「万一、敵が迎撃しようとすれば、直ちに撃滅せよ」と北朝鮮空軍の飛行隊に指令したという。４月５日には、衛星管制総合指揮所を訪れ、ミサイルの発射を視察。正恩は「今日、敵が我々の衛星を迎撃するなら、本当の戦争をしようと決心した。覚悟をしたら怖いものはない」と物騒な発言をしたという。

射撃も、３歳のころから名手ぶりを発揮。２０１０年５月には、１秒あたり３発ずつを撃ち、１００メートルの距離で吊してある電球とうしろにあるビンにすべて命中させた。正恩は誇らしげに「点数をつけてやるべきだ」と指示し、固定目標板20個に対し、すべて10点満点で命中させた。これを見た金正日は「銃を本当によく撃つことは我が家門の血筋だ」と満足したという。

結局、父、金正日が息子にプレゼントしたものは、軍事しかなかった。金正日は経済を無視したわけではなかったが、１９９０年代半ばの「苦難の行軍」と呼ばれた大飢饉で、国の配給制度は崩壊した。金正日が公式に登場した１９８０年の第６回党大会で、北朝鮮は１９８０年代の経済建設目標として「10大展望」を示した。しかし、韓国統計庁によれば、鉄鉱石や鋼鉄の生産量は依然、1990年代はじめの水準に戻っていない。2016年現在の穀物生産量は1980年に示した目標値の3分の1、電力量も2割強でしかない。

金正恩は2016年5月の朝鮮労働党第7回大会での総括報告で、「党組織が経済に対する指導をしっかりと行っていない。党の経済政策と方針貫徹のための指導を決定的に改善しなければならない」と述べ、経済政策の失敗を認めた。ただ、「10大展望」がどうなったのかは、ついに触れなかった。

## なぜ祖父そっくりにしたのか

2016年5月6日午後10時（日本時間同10時30分）、いつもなら放送を終わろうかという時間帯に、朝鮮中央テレビは、金正恩第1書記（当時）が出席の下、平壌で朝鮮労働党第7回大会が始まったことを告げた。

「今日、我々は全党、全軍、全人民が主体（チュチェ）革命の最後の勝利を一日も早くもたらすという気概と信念高らかに帝国主義者のあらゆる威嚇と狂乱的な挑戦を粉砕し、全人民的総進軍を果敢に展開している荘厳な闘いの中で歴史的な朝鮮労働党第7回大会を行う」。

金正恩は、大きな体を揺さぶりながら、独特の低い声で、つんのめるような調子で開会の辞を語った。光沢のある銀色のネクタイに白いワイシャツ、チャコールグレーのストライプの入ったスーツ姿だった。韓国の情報分析担当者はこう話す。

「金日成が30代のころ、好んで着たデザインとそっくりだ」

祖父とそっくりだ。この話は、金正恩が父、金正日と一緒に現地指導を始めた２００９年春にはすぐ広まった。対外的なデビューは２００９年９月の党代表者会だったが、その前に訪朝した米国の韓国系学者は、北朝鮮から金正恩の写真を見せられ、即座に金日成の若いころを連想したという。

なぜ、祖父とそっくりにしたのか。誰がそっくりにしたのか。

韓国の元情報分析担当者は、１９９７年に韓国に亡命した黄長燁（ファンジャンヨプ）元朝鮮労働党書記の言葉を思い出すという。「朝鮮では特に重大な問題を解決するとき、常務組を結成する」。いわゆるタスクフォースだ。

元担当者は「正恩をどう売り出すかは、労働党宣伝煽動部の仕事だろう。だが、最高指導者の後継者をどう売り出すかは、国家の最重要プロジェクトだ。とても党部長1人では責任を負いきれない。何人もの高級幹部が臨時で駆り出されたと思う」。

プロジェクトの目標は当然、正恩が後継者としてふさわしい人間であることの証明だった。その具体的な作業が、数々の根拠のない逸話集の編纂であり、「金日成アバター」の製造だったという。

北朝鮮では今も、金正日や金正恩を悪く言いこそすれ、金日成は「国父」として尊敬されている。抗日パルチザンとして戦い、祖国を救ったという逸話を持っているからだ。

元担当者が語る。「朴槿恵（パククネ）が大統領になれたのも、大勢の市民が彼女の姿に、父親の朴正熙（パクチョンヒ）の残り香をかぐことができたからだよ。パルチザンでもなく、外国生活が長い金正恩がリーダーになるためには、それしか方法がなかったのだろう」

祖父が良くかぶった麦わら帽をかぶり、祖父が好んだように市民たちと積極的にスキンシップを取る。体形も似せた。金正恩はもともと体重が70～80キロほどだったが、祖父のでっぷりした体形に似せるため、わざと過食した。

元担当者は「さすがに腕時計は舶来品でも良かっただろう」と笑う。党大会の日、金正恩が腕につけていたのはスイス・モバード社製の時計だった。「だって、父も祖父も、側近たちにオメガの時計を配りまくったんだから。あそこで国内製の時計をつけて出てきたら、たいしたものだったんだが」

正恩はこのとき、高級幹部たちにスイス製の時計を贈っていた。約３６００人の大会参加者のうち、党中央委員クラスや軍司令官ら100人程度に贈られた。中央上部に、知識人と労働者、農民を象徴する「筆とハンマーと鎌」で表現した労働党のマークをあしらった。北斗七星は、第7回大会を示すという。

北朝鮮はこの時計をスイスのメーカーに特注する際、スイス製の表示を入れないよう指示したという。「正恩による配慮の品」を強調する意味があるほか、国際社会による制裁を意識したとみられる。北朝鮮関係筋は「オメガとかパテックフィリップとか、高級メーカーの名前を入れても実際、その価値がわかる人は朝鮮では多くない。それよりも、正恩に近いという証しである党のマークの方が、より価値がある」とも語る。

金正恩が贈った時計。写真：朝日新聞

北朝鮮は幹部らに対し、記念品として冷蔵庫やテレビも贈った。他の参加者らにも質が少し劣る時計などを贈ったという。

韓国政府関係者はこう言って笑う。「我々も歴代大統領のサインが入った時計をお土産で使うが、せいぜい3万ウォン（約3000

円）から5万ウォンの品物。時計だけに限ってみれば、正恩の方が太っ腹だな」

北朝鮮では、裁断士（チェダンサ）と呼ばれる人々がいる。ロシアやイタリアなどから輸入された生地を使い、最高指導者や側近たちのための服をあつらえる。党大会で金正恩が着用したスーツも、彼らの作品だという。

## 「壁を門だと言えば開けて入れ」

２０１６年7月1日、国家情報院が韓国国会で、金正恩を巡る状況について報告した。それによれば、権力を継承した直後の２０１２年ごろには90キロだった体重が、２０１４年には１２０キロに、最近では１３０キロにまで達したという。祖父に似せた体形を目指したはずが、いつの間にかその目標体重を超えていたというわけだ。

正恩は２０１４年春ごろに、足を引きずる姿が確認された。9月から40日間、公開活動を中断。同年12月7日に朝鮮中央テレビが放映した映像でも、女性飛行士を激励する正恩が、足を引きずりながら動き回る姿が映っていた。韓国政府はこの現象について、飽食の結果が招いた痛風の可能性が高いとみている。

父や祖父がそうであったように、糖尿病や高血圧、心臓病などの症状も疑われている。祖父や父も相当なストレスに悩まされていた。経験も知識もなく、いきなり最高指導者の地位に祭り上げられた正恩の精神的な負担は相当なものだっただろう。

国情院は2016年7月の報告で、金正恩が不眠症にかかり、夜も満足に眠れない状態が続いているとも指摘した。国情院は「万が一、偶発的にせよ、自分の身辺に危険が及ぶのではないかと悩んでいる。暴飲暴食も目立ち、成人病を発病している可能性もある」と説明した。

2016年10月の報告では、北朝鮮での公開処刑が同年1月から9月にかけて64件にのぼることを明らかにした。国際社会による制裁強化でエリート層の忠誠心が弱まり、正恩が自らの安全に危機感を抱いているとした。国情院によれば、正恩は現地指導の日程を突然変更したり、毒物や爆発物などを探知する装備を新たに購入したりしている。米韓両軍の特殊部隊による攻撃や精密爆撃などを警戒しているという。

2~3日に1度の割合で公開活動を実施する一方、過度のストレスなどで暴飲暴食の傾向があり、側近との「酒パーティー」も週3~4回行われているとした。心臓疾患などの疑いがあるほか、酒に酔って乱暴を働くこともあるという。

金正恩は愛煙家として知られ、1日200本ものタバコを吸うとも言われるが、場所も状況もわきまえない。年配の人間がそばにいようと、病院のなかであろうとお構いなしだ。

正恩の指示のなかにも、乱暴な発言が多い。「俺が一つだけと言ったら一つ。十やりたくても一つだけやれ（2014年4月）」「俺が壁を門だと言えば、開けて入っていく姿勢が必要だ（2015年1月）」といった具合だ。実兄の金正哲はホテルに幽閉され、弟の正恩に感謝の手紙を書かされ、酒に酔って暴れる毎日だという。

正恩自身の性格や先述した不幸な生い立ちも、暴力的な性格に輪をかける結果になっている。

米国に亡命した正恩の叔母、高英淑（コヨンスク）が最近、正恩の子ども時代について米紙に「短気で、心が狭い子だった。母親が注意すると、断食して対抗するなど逆らう性格だった」などと語ったところ、正恩は海外に駐在する北朝鮮大使らに対し、同様の情報が北朝鮮に流れ込まないよう指示したという。国情院は「自身の白頭山血統という主張の虚構を暴露されるのを恐れた」と分析している。

憔悴した精神状態はもともとの乱暴な性格と相まって、残忍な行動を生み出す。公開処刑で高射砲を使って人体を粉砕したり、死体を犬に食べさせたりするのも、その一例だ。

金正恩は2016年3月に国連制裁決議が行われてから11月までに、少なくとも20発以上の弾道ミサイルを発射した。２０１１年末に権力を握って以降は30発以上になる。すでに父、金正日時代のミサイル発射数を超えたといわれる。

軍事に頼る政治、過食に悩む日々、乱暴なふるまい。すべて北朝鮮の最高指導者としての重荷を背負った結果だ。

# 第２章　身を滅ぼす政策

## 見栄でお化粧した幽霊ホテル

金正日総書記が脳卒中で倒れる数ヵ月前の2008年春、平壌。南北交流で平壌を訪れた韓国人研究者が移動用のバスから車外を眺めていて、あることに気がついた。「工事をやっている」。視線の向こう側にはコンクリートがむき出しになった、三角形のくすんだ灰色の巨大タワーがそびえ立っていた。1987年に工事が始まったが、資金難から1992年に中断したままになっていた柳京（リュギョン）ホテル。別名「幽霊ホテル」だ。

その場所に防護ネットやハシゴが据え付けられ、工事現場で働く人々の姿が見られた。「なぜ、今ごろになって……」。この研究者は不思議に思って、同行していた北朝鮮の案内員に尋ねたが、笑って首を横に振るばかりだったという。

研究者が不思議に思ったのも無理はない。すでに工事中断から16年が経っていた。むき出しのコンクリートには雨水がしみこんでいた。雨水は冬場には凍り、コンクリートをぼろぼろにしていた。工事中断中のホテルを視察した在日朝鮮人の建築家は、一目見るなり使用不可を宣告したという。105階建て、高さ320メートルのホテルを目指したが、設計がいい加減だったのか、工事がずさんだったのか、途中で建物がゆがんでいた。「これではエレベーター一つもまともに動かないだろう」。そういう評判だった。

当時の北朝鮮は、２０１２年４月の金日成国家主席生誕１００周年の記念行事を控えていた。金正日は、晴れの記念日に招く外国人たちの目に、この天を衝く廃墟が触れることを嫌がったという。当初工事予算でも、推定7億５０００万ドルとされた巨大プロジェクトの穴埋めを、北朝鮮での携帯電話事業で関係をつくったエジプトのオラスコム社に頼み込み、工事を再開したという。

工事は、金正日が倒れても止まらなかった。ガラス窓がはめ込まれ、外観上は立派な建築物に生まれ変わった。平壌を訪れる人々に、案内員がホテルを自慢げに説明するようになった。

２０１２年４月の記念日前にオープンするという景気の良い話も出回ったが、そのうち「地上から25階まで先行オープンさせる」という話に変わり、結局、オープンできず、２０１２年４月を迎えた。その後、欧州のホテルチェーンが投資するという話も流れたが、結局ご破算になった。再び柳京ホテルは視察のルートから外れ、案内員たちは口を閉ざすようになった。柳京ホテルは、金正恩政権の経済政策の限界を示す一例と言える。

一方、正恩が権力を握った２０１１年末以降、少なくとも「革命の首都」と呼ばれる平壌は大きな発展を遂げたとされる。

柳京ホテルは、正恩の経済政策の例外的な失敗作なのか、それとも柳京ホテルこそ、正恩の経済政策を端的に示す好例なのか。

## 大建築群の正体

2015年11月3日、平壌で、「未来科学者通り」の竣工式が行われた。前年9月から建設が始まったこの通りは、核開発と経済改革を同時に進める「並進路線」を唱えた金正恩の肝いりで建設が決まった。核兵器や弾道ミサイルを開発する科学者を優遇し、さらに並進路線に邁進させせようという計算だった。

通りには、53階建ての高層アパートをはじめ、3000から4000世帯が入居できる高層建築群、「西洋式デパート」と北朝鮮が自賛する地上5階、地下1階の蒼光（チャングァン）商店など150以上の商業施設を整えた。竣工式に出席した朴奉珠（パクポンジュ）首相は「未来科学者通りは栄えある金正恩時代の誇らしい創造物だ」と褒めちぎった。

その少し前の10月下旬、正恩が未来科学者通りを視察した。「未来科学者通りを見ると10年を1年に早める我が祖国が10年後にはさらに見違えるほど変貌するものとの確信を得る」

と喜んだ。カラフルな塗装や、53階建てアパートの屋上に設置した電子の動きを模したというシンボルタワーなど独創的なデザインに興奮し、「屋根の形も新しいし、ユニークだ。未来科学者通りがカラー通りになった」と自慢した。

北朝鮮は２０１２年４月の金日成国家主席生誕１００周年に合わせ「10万戸の住宅を新たに建設する」と息巻いた。実際に完成したのはその１割とも３割とも言われているが、それでも相当な数のアパート群が短期間で誕生したことになる。

一体全体、２０１４年当時の１人あたりの国民所得が１４０万ウォン（約13万円、韓国統一研究院調べ）で、世界最貧国レベルにある北朝鮮で、なぜこのような芸当が可能なのか。北朝鮮関係筋は「国家予算が投入されているのは平壌の未来科学者通りと黎明（リョミョン）通りくらいだ」と語る。韓国のある国策研究所の北朝鮮専門家はそのからくりをこう説明する。

「もともと、アパートの建設を指示するのは正恩自身であったり、労働党での会議であったりする。もちろん、正恩自身に詳しい都市計画や資材の知識などないから、単なる気まぐれだったり、思いつきだったりすることも多い」

いったん、「○年○月まで、全国で、○○世帯が入居できる最新式の高層アパート群をつくれ」という指示が発令されると、後はどうなるのか。

中央党は、ノルマを地方の道にある各党委員会に割り振る。各道の党委員会を、さらに市や郡ごとにノルマを細分化し、それぞれの党委員会に割り振る。そして市や郡の党委員会は、各地区や職場ごとにさらに細分化して命令するのだという。

「その間、各組織がやることといったら、どうやってノルマを割り振るかという作業だけ。多少は各地域の事情を考慮してノルマを加減することはあるかもしれないが、基本的に無理を承知で押しつけるんです」

皆、無理だと思っていても逆らわない。下手に逆らえば、運が良くても更迭、下手をすれば粛清される運命が待っているからだ。

この指示は命令書としてペーパーが届けられるだけだ。必要なセメントや鋼材、電気製品などの資材、労働力、電気などは一切手当てしてくれない。

いよいよ末端まで下りてきた指令書を受け取った各職場や地区の人々は、どうするのか。もうノルマを押しつけることができる下の人間はいない。自分たちがやらなければ、やはり待っているのは粛清を含む過酷な運命だ。

万策尽きた彼らが逃げ込むのは、「トンチュ（金主）」と呼ばれる富裕層だ。彼らは自由市場での商売や中国との密貿易などで儲けた人々だ。中朝国境地帯の新義州（シニジュ）や恵山（ヘサン）などでは、辺境地帯にもかかわらず、広いアパートに豪華なオーディオセットや衛星テレビなどを備え、軍や地方自治体から賄賂で回してもらった電力を使って、豊かな生活を謳歌しているトンチュがあちこちに存在するという。

地区の責任者たちはトンチュに頭を下げ、アパート建設に必要な当座の資金提供を募る。いくらトンチュとはいえ、個人事業主だから1人で高層アパートを建築できるほどの資金力はない。とりあえず、数十人のトンチュに片端から声をかけ、「とりあえず地上5階分までの当座の建設費」といった具合で資金を調達する。

もちろん、トンチュたちはタダでこの要請に応じるわけではない。報酬は、「完成したアパートの優先分譲権」だ。党幹部ら既得権を握っている連中が、まずこの優先権を手にするが、その際にスポンサーのトンチュたちにも、提供してくれた資金額に応じて何戸分かの分譲権を譲り渡す。

「社会主義では、個人の所有権など認められない」と言われていたのは、１９９０年代半ばの「苦難の行軍」時代までだ。そこで国家は庶民の生活の面倒をみることを放棄し、庶民も勝手に生きて行く道を選んだ。法律上、個人の所有権は認められないから、世帯管理を担当する役人に賄賂を握らせ、黙認させるというわけだ。

　こうしてようやく当座の資金が集まり、工事が始まる。党や職場の建設担当者らは、素早く工事現場にさりげなく看板を立てる。「○年○月、高層アパート完成予定」。もちろん、分譲予定などとは書かない。そんなことをすれば、法律違反で、相互批判の対象になり、やはり粛清されてしまう。だが、蛇の道は蛇、看板の意味は皆が知っている。

「こんな所にもアパートができるのか。なら、早めに買っておこう」。そう考えた富裕層が次々に建設担当者に接触を始める。もちろん、スポンサー役のトンチュたちがやったように、党や地区の世帯管理担当者に賄賂を握らせながら、分譲してもらう。

　こうやって、次々に運転資金を募り、ようやくアパートは完成するのだという。完成と言っても、地区や職場担当者が面倒をみるのは、骨格まで。内装やガラスのはめ込み、電気の引き込みなどはすべて購入主が自分でやって、ようやく住むことができるようになるという。

　それでも平壌では最近、あちこちで空室だらけのアパートが続出している。トンチュたちが、金持ちの入居を当て込み、４ＬＤＫや５ＬＤＫなどの物件をつくり過ぎたのが原因なのだという。

## 自慢のアパートの実態

２０１５年秋、韓国から専門家や学者、国会議員らが2度にわたって、南北軍事境界線近くの古都、開城（ケソン）を訪れた。開城も高層アパートが多い。韓国の視察団は、どこのアパートにもきらきら輝く小型のパネルが設置されているのに気がついた。あるパネルは窓の下にぶら下げられ、また別のパネルはベランダに置いてあった。形はばらばらだった。

北朝鮮の案内員に聞くと、「ああ太陽光を使った発電パネルですよ」と答えた。中国から輸入したものを、個人的に備え付けるので、形がばらばらになったのだと言う。

「1年か1年半で使えなくなるので、結構な出費なんです」とぼやく案内員もいたという。北朝鮮の電力不足は今に始まったことではない。だからこそ、問題の根は深い。金正日総書記は２０１２年4月の金日成国家主席生誕１００周年の記念行事に合わせ、「平壌の電力不足を解消する」と豪語し、発電能力30万キロワットと称する煕川（ヒチョン）水力発電所を完工させた。

当時、「ムル（水）、プル（火＝電気）、サル（コメ）を解決せよ」という合い言葉が飛び交った。朝鮮労働党のシンクタンク、朝鮮社会科学院の学者は２００９年の上海での会議で、

「経済が最も好調だった1987年当時の状況に戻す。一人あたりの国民総生産（GNP）2700ドル程度が目標」と豪語していた。そのための具体的な措置が、「新たな10万戸建設」であり、「ダムや発電所の建設」だった。

だが、工期を急がせた結果、ずさんな設計と工事によってダムの外壁から漏水する事故が発生。さらに、発電所から平壌までの送電ケーブルが老朽化して、発電量の30％も送れない事態に陥った。完成当時、散々褒めちぎった北朝鮮メディアも、最近ではまったく熙川発電所に触れなくなった。

2016年夏になると、平壌の電力事情が一部改善したという噂が流れた。訪朝した専門家たちが「停電がなかった」「ネオンが輝いていた」と次々証言したからだ。

その話を聞いたある平壌市民は苦笑してこう語った。「たしかに、停電が少なくなったのは事実です。でもそれには訳があるんです」

理由の一つはこの夏、咸鏡北道（ハムギョンブクト）を襲った大水害だった。中朝国境沿いの豆満江（トマンガン）沿いにある穏城（オンソン）や会寧（フェリョン）などが洪水で壊滅し、十数万人が住む家を失ったとされた。焦った北朝鮮指導部は当時行われていた、労働党大会で示した経済目標を達成するために市民に更なる労働を強制する「200日戦闘」を中止して、被害現場の復旧作業にあたるよう指示した。これには、うまく成果が出ない200日戦闘を放り出す「口実」だという噂も流れた。ただ、このため、平壌の未来科学者通りや黎明通りで行われていた大規模工事がストップし、電力に多少の余裕が生じ、他の地区にも電力が行き渡るようになったという。

二つ目の理由は、「平壌一極集中主義」だ。正恩たち指導部は、自分たちが住む平壌を固守する方針を立て、それまで一日わずか数時間しかなかった地方への配電をさらに削り、平壌に回している。

ロシアから多少の重油を輸入しているものの、電力生産量に大きな変化はないという。電力不足を解消するため、北朝鮮の人が従来愛用したのが小型発電機だった。それがなぜ、最近は太陽光パネルに切り替わったのか。

一つは発電機に使うガソリンが手に入りにくくなったからだ。中国から原油の輸入は続いているが、公式統計上は2014年からゼロになっており、それだけ輸入が難しくなっている。実際、アパートに供給される電気や水の供給時間帯が朝と夕刻の一日2度各3時間程度に限られる世帯が普通だ。高層アパートでは、エレベーターの動いている時間帯は、外出したり帰宅したりしようとする住民でごった返す。頻繁に起きる停電でエレベーターホール前に人だかりができることも珍しくない。

もう一つは金正恩お気に入りの近代的建築に原因があった。西欧文化にあこがれる正恩はアパートも総ガラス張り建築を好むという。「そうなると、窓が開かない」とアパート住民の一人がぼやく。窓が開かないから、ガソリンを使う発電機から出る煙を逃がせない。だから、太陽光発電パネルに人気が集まるのだという。

北朝鮮は２０１６年5月、日米英など諸外国のメディア１００人以上を平壌に呼び寄せ、36年ぶりに開かれた朝鮮労働党大会を取材させた。ここぞとばかりに、正恩が指導した高層アパート群も取材させた。アパートの一室を開放し、撮影も許した。後にその映像を分析した韓国政府関係者が打ち明けた。「浴槽に水が張ってあった。おそらく、電気が足りないから、よく水道が止まるのだろう。用心のために水をためておくのだと思う」

その水の供給にも苦しんでいる。ある欧州のＮＧＯが２０１６年、訪朝した。北朝鮮から「全国の緑地化事業に協力してほしい」という要請を受けたからだ。北朝鮮は、金日成国家主席が、少ない耕作地を効率よく使うために、作物を集中的に植える「密植」を中心とした「主体農法」を実施した結果、山間部まで開墾したため、緑地が減少。１９９０年代の大飢饉とエネルギー不足で山林の乱伐に歯止めがかからなくなった。このＮＧＯによれば、全国の森林面積は、1990年に約820万ヘクタールだったが、2015年には503万ヘクタールまで減ったという。

焦った金正恩は全国の緑地化を宣言。2015年3月2日、北朝鮮の「植樹節（植樹の日）」に合わせて、空軍447部隊を訪れて自ら植樹を行った。

だが、このNGOは平壌と地方数ヵ所を視察した結果、緑地計画がほとんど実現不可能な状態であることを悟った。NGO関係者は「水と電気がない。まずこの問題を解決しない限り、いくら植樹を繰り返しても無駄なことだ」と語る。

北朝鮮では古いアパートになると1階にしかトイレがない。水圧の関係だ。だから夜中になると、お年寄りも子どもも用を足しに階段を上り下りする羽目になる。多少ましなアパートでも、「トイレは各階ごとの共同使用」ということも珍しくない。

ではいったい、平壌で住民に人気があるアパートとはどこなのか。

正恩自慢の高層アパートは、せいぜい低層階であれば需要もあるという。もちろん、トップからの贈り物を拒める人間などどこにもいないから、人々は嫌々ながらも入居する。

「幸いにも」正恩の思惑とは関係のない一般市民の間で人気があるのは、軍駐屯地や発電所などの近くに建つアパートなのだという。北朝鮮関係筋は「発電所はもちろん、力がある軍には優先的に電気が供給されるからだ」と話す。住民はまず、軍や発電所に賄賂を渡して、電気の「お裾分け」を確保する。そのうえでアパートに入居するのだという。

「昔なら、こんな芸当は利かなかった。個人の所有権なんか認められていないし、住居は国家が公平に順番に、市民に割り当てるものだった。でも、今なら賄賂次第でなんとでもなる」

そして最近、正恩が自慢する未来科学者通りと黎明通りでは興味深い現象が見られるようになった。一帯では停電が起きても、そこに建つ高級アパートでは煌々《こうこう》と明かりが灯っているのだという。「そこに住めるのは金持ちだけ。当然自分で発電機なり特殊な送電手段なり、手は打ってから入居するんです」と市民の一人は明かす。

## 交通渋滞の理由

２０１６年5月の朝鮮労働党大会。各国から集まった報道陣によって、平壌の日常が映し出された。最も目立ったのが車だ。かつてと異なり、さまざまな車があふれ、平壌駅前や金日成広場あたりでは交通規制も行われているという。1キロあたり1ドル。20ドルで市内のほぼどこへでも移動できるというタクシーもあちこちで走っている。２０１６年秋現在で、その数は2000台を超えたとも言われ、タクシー同士の過当競争も懸念されるほどだという。

果たしてこれは平壌の経済的繁栄を意味するのか。

「車両のナンバープレートに注目すべきだ」と北朝鮮関係筋が語る。「軍と特殊機関の関係車両が多いことがすぐにわかる」

北朝鮮のナンバープレートは、「黒字に白抜き」＝軍、「白」＝一般車とタクシー、「青」＝外交官、「黄」＝その他、に主に分けられている。車両で目立つナンバーは黒と白だ。白もナンバーを見れば、「216」（金正日の誕生日で、金正日時代に側近に与えたナンバー）、「727」（朝鮮戦争休戦記念日で、北朝鮮では勝利を祝うナンバーとして金正恩が特に重要視している）など、軍や特殊機関関係の組織だとわかる番号が目立つ。「軍と特殊機関は海外に出て行く権利を持っているから強い。コネクションができて外貨を稼ぐ手段を持っているから」（同筋）という。

また、よく見るとバス停留所などで、朝の通勤時間帯でも人が列をつくっていない。バスは動いているが、いわゆる「機動隊」と呼ばれる車両が使われている。過去、トロリーバスが故障したときに代替手段として使われているバスだ。

北朝鮮関係筋によれば、燃料不足から公共交通網が崩壊している。当局はナンバーを見て、許可を得ていない車両が走っていれば、「エネルギーの無断消費」と見て、厳しく取り締まるという。金正恩が「自力更生」を掲げたため、企業所は独立採算を迫られた。利益が出ている企業所は、自分たちの職場だけで使う通勤バスを用意する。一般市民が自由に乗れる定期運行のバスは激減したため、人々は諦めて昔のように停留所で列をつくることもなくなったという。

タクシーも金次第だ。ユーロ払いが好まれるし、短い距離でも頻繁にタクシーを使う客も多いが、それは一部の富裕層に限られている。たかが20ドルかもしれないが、平壌では一家4人が1ヵ月暮らすのに必要な生活費は100～200ドルと言われる。私たちの皮膚感覚でいえば、数万円に匹敵する。韓国のように数千円でソウルの端から端まで走れるのとは訳が違う。

一方、平壌と南浦（ナムポ）、元山と清津（チョンジン）といった具合に都市間を結ぶ長距離バスが登場した。日本や韓国で走るような立派な大型バスではなく、うらぶれたマイクロバスに中国語が書かれたような中古車だが、一日に各数本、立派に走っている。これは富裕層のトンチュが乗り出したビジネスの一つで、「自力更生」「独立採算」主義の下、ある程度市民に移動の自由が認められた結果だという。

## おしゃれの基準は正恩夫人

最近の平壌で増えたものが三つあると言われる。老人と、後述するケンカと流民だ。

平壌の中心部を流れる大同江（テドンガン）沿いに行くと、川縁《かわべり》で釣りをしている老人によく出くわす。道ばたでは簡単な工具を路面に広げて、手持ちぶさたで客を待っている老人もいる。自転車のパンクを直す修理屋だ。北朝鮮当局が党大会の際に外国記者団に対して自慢してみせた大通りから1本、内側に入った辻々では、粗末な台あるいは路面に直接、歯ブラシや洗濯バサミ、ゴムなどの生活必需品を並べて売る老人もいる。彼らは、取り締まり員がやってくると、バッタ（メットゥギ）が飛ぶように逃げていくため、「メットゥギ・チャンサ（バッタ商売）」と呼ばれている。

そして、老人たちで目立つのは男性が多いということだ。従来、北朝鮮では街中での商売の主役は女性だった。男性が官営の企業所や政府機関で働いているからだった。

だが、金正恩時代になって、「独立採算」を下達するや、企業所や政府の方針が変わった。もともと北朝鮮での定年は、党の課長級以下は一律60歳だったが、古き良き社会主義時代では、本人が職場に残りたければある程度融通が利いた。しかし、利益を出さなければ生き残れない時代になり、政府機関も企業所も、60歳定年を厳格に守るようになったのだという。

物価は上がっている。国内向けの為替レートは、1ドルが約8300ウォン。4人家族が1ヵ月に必要な最低の生活費100ドルは83万ウォンに相当する。平壌の一般市民が国から受け取る平均月収は5000ウォン程度。北朝鮮の市民たちは「正恩のせいで物価が上がった」と陰口をたたいている。正恩が「原価保障の原則を守れ」と指示したからだ。金日成・金正日時代は「人民の賃金で買える範囲で物価を設定せよ」としていた。その一方、生産者には利益が足りない分を国からの補助金で補っていたという。

国も市民も必死になってカネになる手段を探している。車が増えたこともあって、それまでタダだった駐車場は当然、料金を取るようになった。道ばたでは「体育抽選券販売所」が生まれた。いわゆるスポーツ振興宝くじだ。政府機関や企業所には、購入のノルマもある。

一方、成功した人間の生活は徐々に派手になっている。北朝鮮では従来、金持ちは慎重に行動するのが常だった。目立った行動を取っていれば、目をつけられ、良くて「忠誠資金」の供出を命じられ、下手をすれば政治的に粛清されて全財産を巻き上げられる運命が待っていたからだった。

ある脱北者は平壌に住んでいたとき、子どもの誕生日を迎えた。当時、所属した研究機関が成果を上げ、多少の褒賞金で懐に余裕があった。「これで子どもに少しでもマシな服を」と願い、妻にカネを渡して市内有数の百貨店で子ども服を買ってこさせた。それはシャツとベスト、ズボンがセットになった中国製品で、妻は大満足で夫に見せたという。

だが、そのベストの背中を見た瞬間、夫は大いに慌てたという。「英語でAmerican Armyと書いてあった。驚いてチョッキだけは、細かく切り裂いて捨てた」と話す。

この脱北者はたまに肉を手に入れても、骨は必ず遠くの場所まで捨てに行った。「どこで誰が見ているかわからない。政治的に問題視される動きは、できる限り避けなければならなかった」と話す。

ところが、最近では少しずつ変化が出てきた。市民がその判断基準としている例が正恩夫人の李雪主（リソルチュ）だ。彼女が西洋スタイルの服装やハンドバッグ、貴金属で身を飾り、正恩も視察先のデパートなどの女性店員らに同じような服装を奨励する。それを見ていた市民たちは安心し、一歩また一歩とおしゃれを楽しむようになるのだという。

韓国政府関係者は数年前、李雪主の写真を脱北女性たちに見せて反応を窺った。彼女たちが一番不思議がったのは、「なぜ召使いが何人もいるような女性が、トンカバン（ハンドバッグ）を持ち歩くのか」という点だった。少し前まで、ファッションと無縁だった北朝鮮女性たちも大きく変わりつつある。

男性もそうだ。韓国のファッションを真似て、一部の若者にタトゥー（入れ墨）文化が生まれつつある。実は北朝鮮でタトゥーは新しい話ではない。軍人たちは夏でも長袖を着用しているが、これは両腕に入れたタトゥーを隠すためのものだった。ただ、それはオシャレではなく、「戦争でバラバラになっても身元がわかるための工夫だった」（平壌市民）。過去は、米軍が使う個人識別用の認識票代わりだったタトゥーが、今ではオシャレの手段に変わりつつある。

当然、服装にも食生活にも格差が生まれる。一般市民の服装も昔より派手になったが、それは制服などの消費財を国が供給できなくなり、派手な中国製品に取って代わられたという事情も影響しているという。平壌市民のなかで、今「金持ちの象徴」として人気があるのが、平壌上空の遊覧飛行だ。一人100ドルを出せば、自宅までタクシーが送迎。平壌・順安（スナン）国際空港のレストランで食事を楽しんだ後、軽飛行機で主体思想塔や金日成広場、大同江などを上空から遊覧する。

## 「カネさえあれば北朝鮮は天国」

賄賂もはびこる。脱北者たちが口をそろえるのは「カネさえあれば、北朝鮮は天国だ」という言葉だ。良い住宅を手に入れる、出身成分を書き換えてもらう、良い学校や働き口を見つけてもらう、国境近くまで出かけるための旅行証を発給してもらう等々、正規に手続きすれば不可能か、何ヵ月もかかることが、カネ次第で簡単に実現する。カネを持っていない人間はホゾをかむしかない。

他人が何をしているのか知らなければ、まだ我慢もできる。だが、２００８年12月から北朝鮮国内で解禁された第3世代（３Ｇ）携帯電話サービスは瞬く間に拡大。今や携帯電話の利用台数は３００万台を超え、情報の流通量が激増している。

同時に自由市場が全国に３８０ヵ所ある。北朝鮮政府は、食糧難解決のために「３大軸（農業、畜産業、水産業）の発展」を、声をからして督励したが、エネルギー不足や国際社会からの制裁のために、成果はほとんど上がっていない。基幹産業や社会インフラへの投資も足りない。

このため、私経済が急成長し、北経済全体に占める割合は、今や約40％に達したと言われる。市場で使われる中国人民元やドル、ユーロなどの外貨は半分以上にのぼる。

こうした現象を憂い、取り締まるべき官僚たちも市場に便乗している。市場に行けば、資材を売って儲ける企業所の姿や、売り場のスペースを割り当てる許認可権や、取り締まりの権限などを利用して、商人たちから「所場代」「みかじめ料」をかすめ取っている役人が後を絶たない。党の高級幹部ともなれば、部下の冠婚葬祭に気前よく数百ドルをポケットマネーから出すことも珍しくないという。もちろんそれらは一般市民からかすめ取った賄賂に他ならない。

韓国銀行などによれば、北朝鮮の経済成長率は、2011年0・8%、2012年1・3%、2013年1・1%、2014年1%と、微々たる成長を続けている。これらはほとんど、こうした私経済が支えた結果に過ぎない。本来、北朝鮮が貧困から抜け出すには年平均5%以上の経済成長率を当面続ける必要があるが、生産手段の全面的な開放と資本主義への移行は、正恩に対抗する勢力の台頭を招きかねない。結局は、こうした不正常な経済活動に頼らざるを得ない状態が続くことになり、不正や汚職の温床を取り除くことができないまま時が流れていく。

1990年代半ばの大飢饉「苦難の行軍」で、国家による配給制度が麻痺してから生まれた「自由市場」世代は３３０万人で、全体の15％ほどを占める。彼らは、理念より現実の暮らしに関心がある。個人主義の傾向が強く、北朝鮮が最も重視する集団主義を毛嫌いする。さらに、外貨稼ぎのために海外に出かけたことがある人は、北朝鮮全土に22万人余もいるとされる。彼らは外貨と一緒に、新鮮な外部の情報を一緒に持ち帰る。

今や市民たちは「朝鮮には党（タン）が二つある。自由市場（ジャンマダン）は我々に利益をもたらすが、労働党（ノドンダン）は何もしてくれない」と言って揶揄《やゆ》する。首領に対する忠誠心より、カネを最も重視し、思想は緩んでいるという。

民心は自然と荒れる。そして生まれるのがケンカだ。北朝鮮には街の辻々に、人民保安省（一般警察）の要員が立ち、風紀の維持や治安活動に従事している。金日成時代は、戦前の日本の「オイコラ警察」も震え上がるような強大な力で住民を取り締まった。

それが、最近では街中で頻繁に起きるケンカ一つ仲裁できない。市民もケンカの原因が政治的なものでない限り、問題が深刻にならないことを知っている。市場での商売のトラブル、最近増えている、粗悪品を売ったり、うまい儲け話でタンス預金をかすめ取ったりする詐欺などで、毎日のようにあちこちでケンカが起きるが、保安要員は現場に駆けつけても、何もできない。やじ馬たちは、おろおろする保安要員に、軽蔑の視線を送り続けるだけだという。

**平壌に流れ込む人々**

第3に目立つのが、かつての中国が経験した「流氓（リウマン）」現象の発生だ。平壌では最近、企業所や建設現場で見知らぬ人が増えているという。彼らは「平壌一極集中主義」で荒廃した地方を捨てて、平壌に流れ込んできた人々だ。彼らは必死に金を貯め、不正に住民登録し、仕事と住む家を見つけて平壌にやってくる。賄賂があれば、何でも可能だという。

北朝鮮指導部はけっして外国人の目にさらそうとしないが、平壌には最近、貧民窟も生まれはじめている。それは高層アパートの建築現場だったり、寒さをしのげる地下道だったりする。

北朝鮮では従来、食糧配給制度が機能していた時代、人々は住む場所を離れると食糧を得る手段を失った。出張するときすら、役所に申告して出張先で食糧を受け取れるようにする手続きが必要だった。だが、１９９０年代半ばの大飢饉を契機に、地方のほとんどで配給制度は崩壊した。

　また、これも先述したように、地方と地方、地方と平壌を結ぶ長距離バスも現れた。平壌に入るには特別の通行証が必要だが、これをすり抜ける方法はいろいろある。その一つが、高層ビル建設を請け負っているトンチュたちだ。彼らは巨額の富を得るため、建築費の節約を図る。軍や学生は代表的な労働力だが、食事の面倒を見る必要もあるし、時には賄賂をたかられる。きわめて粗末な食事とわずかな賃金でこき使える地方出身の労働者は好都合な存在だ。こうして平壌では貧富の格差がますます開いているという。

　そして国は交通手段や電気や水などの公共サービスをまったく提供しようとしない。最近では道路の清掃もすべて地区の住民たちに押しつけるようになったという。

　今の市民たちは金正恩の動静などにはまったく関心を持たない。関心を持つのは、自分たちのストレスを解消するために、あざけりの対象にするときだけだ。

　北朝鮮では昔から食生活に苦しんできたため、豊かな体形の人に対して陰で悪口を言う習慣がある。昔は、突き出た腹のことを「地主腹」と呼んだ。金日成の一人独裁政治が完成したころからは、「幹部腹」という名前に変わった。最近、北朝鮮市民が口にするのは「そのうち、正恩腹という名前に変わるだろう」という軽口だ。

# 第3章　恐怖政治と粛清

## 疑義をはさめば処刑

「金正恩は3Iだ」。北朝鮮が5回目の核実験を行った3日後の2016年9月12日、ソウルで開かれた米韓統合国防協議で韓国の柳済昇（リュジェスン）国防政策室長はこう吐き捨てた。indifferent（無関心）、intolerant（忍耐力がない）、inexperienced（未熟）。柳室長は「韓米同盟に対する最大の脅威は金正恩という個人だ」「正恩は目的のためなら手段を選ばず、忍耐力も経験もない独裁者」とこき下ろした。

事実、朴槿恵大統領も8月15日の記念演説で、初めて正恩と当局者を区別した。正恩の恐怖政治で、当局者らに動揺が広がっているという判断からだった。

「金正恩は父、金正日の死後、最高指導者の座に就いたが、年も若く、能力も不足し、業績もつくれずにいる。処刑した高級幹部は100人を超える」

北朝鮮が4回目の核実験を行った2日後、2016年1月8日は正恩の32回目の誕生日だった。この日、韓国軍は軍事宣伝放送を再開。南北軍事境界線近くに設置された大口径のスピーカーから10～20キロ先まで届く大音量で正恩の非道ぶりを訴えた。

これまで正恩は、どんな粛清劇を繰り広げてきたのか。

２０１４年10月、正恩は平壌市中心部の金策工業総合大学の教職員住宅を視察した。46階建ての高層ツインタワーで、デザインに曲線を豊富に取り入れた。正恩は「まるで大同江に浮かぶ帆船のようだ」とご満悦だったという。

だが、その次の瞬間、現場にいた関係者は一様に凍り付いた。正恩は調子に乗って「同じものを（平壌市中心部の）蒼光通りに十数棟建てろ」と指示したのだ。現場に随行して必死でメモを取っていた平壌市の建設担当書記は、思わず「資材が不足しており、ご指示の通りには進めづらいと思います」と答えた。みるみるうちに、正恩の表情に怒気が広がった。この書記はただちに処刑されたという。

韓国の情報機関、国家情報院も似た報告を２０１５年４月、韓国の国会に対して行った。報告によれば、正恩は２０１５年１月、林業分野を担当する幹部を処刑した。水不足などの構造的な課題を解決しないまま、正恩が掲げた山林緑化事業を推進することに疑義をはさんだことが理由とされた。

２０１５年２月には大同江の川縁に建設していた科学技術の殿堂の設計を巡り、国家計画委員会の副委員長を処刑した。副委員長がドーム形にしたデザインを上申したところ、正恩が木槿《ムクゲ》の花の模様にするよう指示。やはり副委員長が「資材や工期に問題が出る」と直言したことが仇《あだ》となった。

２０１５年４月にはモスクワで行われた戦勝70周年記念式典に特使として参加した玄永哲人民武力部長（国防相）が平壌に戻った直後に処刑された。

韓国政府関係者によれば、正恩は出発前の玄に、モスクワでロシアと協議し、兵器やエネルギーを含む多額の経済支援を引き出すよう命じた。玄はロシアへの出張中、ついぼやいたという。「いくら何でも、そんなにたくさん支援を受けられるわけがないだろう」

このぼやきが随行員の耳に入った。正恩の指示に対する不平である以上、このぼやきを本国に報告しない場合、今度は自分の身が危ない。玄は正恩自らが抜擢した幹部だったが、その気の緩みが自らの破滅を招いた。

## 張成沢処刑の裏側

正恩が引き起こした最大の悲劇となった２０１３年冬の張成沢元国防副委員長とその部下たちへの処刑はどうだったのか。

２０１３年11月30日の平壌。朝から軍や政府の各部署で、当局者たちが一様に青ざめる話が流れた。「昨日、54局の責任者と副責任者が公開処刑された」

54局は、張成沢の資金源とされた部署だ。金正日の妹婿で懐刀だった張は２００７年、朝鮮労働党行政部長に就任すると、「軍の利権を党に戻す」という金正日の指示を受けて、同部傘下に54局を編成。鉱物資源の管理、銀行業務、貿易などの権限を独占した。処刑された2人は、行政部の李竜河（リョンハ）第1副部長と、張秀吉（チャンスギル）副部長。張成沢の側近で、酒の席で酔っ払い、「どこまでも部長（張成沢）について行きます」「命を預けます」と叫んだとも言われていた。

翌12月1日、別の話が流れた。「昨日は6人処刑された」。絶望した関係者の自殺も相次いだ。停滞する事業についての報告の際、側近たちが「張部長が承認してくれません」と釈明したことに正恩が激怒し、「チウォ・オプセ・ボリョラ（消してしまえ）」と叫んだという話も流れた。北朝鮮の当局者たちは、張成沢本人の処刑を予感した。

12月8日、張成沢はすべての役職を解かれ党から除名された。13日、北朝鮮メディアは、張が12日に開かれた国家安全保衛部特別軍事法廷で死刑宣告を受け、即日処刑されたことを発表した。張は法廷で「国家が崩壊の直前に達すれば、すべての経済機関を内閣に集中させて自分が首相を務めようと思った」と語ったとされる。

韓国政府は、この供述に注目した。正恩と張が「役割分担」で合意したという情報を事前につかんでいたからだ。北朝鮮は1980年代から経済難が続いている。金日成も金正日も経済政策では前面に出ようとしなかった。失政の責任を取らされることを恐れたからだ。経済担当という「損な役回り」は、つねに首相が担当した。金正日時代も金正恩時代も、地味な経済現場への視察は、「現地了解」という形で首相が行っている。

張成沢は、晩年の金正日から、自ら提唱した先軍政治で肥大化した軍と国家安全保衛部、組織指導部の力を削ぐよう命じられていた。もちろん、息子の金正恩の行く末を案じたうえでの指示だった。張が54局をつくったのも、軍などの資金源を党に移すための受け皿づくりだった。張は正恩と相談し、正恩が軍や外交など、華々しい分野を指導する代わり、自分が厳しい経済を担当することに決め、その際首相就任の話も出ていたという。また北朝鮮の当局者たちは、この張の行動をみて、「カットゥン・ペ・エ・タッタ（同じ船に乗った＝運命共同体だ）」と噂し合ったという。

その張が処刑された裏には、危機感を感じた軍や保衛部などが「張は、経済を担当するなどと言いながら、私服を肥やしている」と正恩に讒言《ざんげん》したこともあったが、何よりも正恩自身が、そんな張の存在を疎ましく感じていたことにあったようだ。

北朝鮮関係筋は「朝鮮にナンバー2はいない。指導者とそれ以外があるのみだ」と語る。

若く経験もない正恩が、相談役としての張の存在を許せなかった。張は他に粛清された玄永哲らのように、直接正恩の指示に背く発言をしたわけではない。しかし、その存在自体が、正恩にとっては「指示に背きかねない人物」と映ったのだろう。

当時、正恩に直言できる人物は張成沢とその妻で金正日の妹、金敬姫（キムギョンヒ）だけだと言われた。金敬姫は夫の非業の死を聞いた後、一切の公的な場所から自ら退いたという。２０１５年春、平壌を訪れた欧州系の学者に対し、労働党幹部は金敬姫が健在だという事実と、１ヵ月ごとに行われるロイヤルファミリーとその親しい人々との内輪の集まり以外は、会合にも出てこない事実を伝えたという。

## 恐怖政治に相対する幹部たち

韓国中央情報部（ＫＣＩＡ）で北朝鮮を分析してきた康仁徳（カンインドク）元統一相は２０１６年１月、朝鮮中央テレビの映像を見て慨嘆した。「個人崇拝はここまできたか」。映像には、北朝鮮軍砲兵大会の際、椅子に座った金正恩に対し、ひざまずき、口に手を当てて報告する黄炳瑞（ファンビョンソ）軍総政治局長の姿があった。

康の頭に浮かんだのは、ＫＣＩＡ幹部だった１９７２年11月、南北対話のため、２泊３日で平壌を訪れた際の光景だった。首相庁で金日成国家主席らと昼食をともにした。移動するとき、誰も金日成の前に出ないよう気をつけていた。李厚洛（イフラク）ＫＣＩＡ部長や康ら韓国代表団５人と、金日成や金一（キムイル）第1副首相ら北朝鮮代表団７人が円卓を囲んだ。北朝鮮と中国の折衷料理が出た。蛇酒もあった。

昼食中、貿易の話題になった。金日成が隣に座った金一に「韓国の貿易はどうなっているのだったか」と聞いた。突然、金一がはじかれたように立ち上がり、少しお辞儀をするような姿勢で報告を始めた。

康はその前に一度だけ金日成を直接見ていた。平壌一高2年だった48年。訪朝した韓国の独立運動家の金九（キムグ）らを高校へ連れてきたときだった。尊大な歩き方をしていたが、背広姿の普通の紳士という印象だった。康は72年に再び見た金日成の姿に、「北朝鮮は完全な一人独裁体制になった」と確信した。

その康にとってすら、金正恩と黄炳瑞の姿は衝撃的だった。「北は細かな行動の規則を決めている。たとえば指導者の前でしゃべるときは唾が飛ばないように、口に手を当てる」。黄の手の動きはそれだった。しかし、金正恩の前でひざまずくとは。情報関係筋によれば、北朝鮮は一人独裁体制を徹底させるため、日本の皇室制度やタイの王室制度の資料を取り寄せ、いかに一般大衆の支持を得られるか、徹底的に研究しているという。同筋は、黄炳瑞の姿勢について「どこかで見たことのある光景だと思わないか。タイ国王の前でひざまずいて報告するタイの閣僚たちの姿そっくりじゃないか」と語る。

李寿碩博士によれば、黄炳瑞は軍内部で「アラッスムニダ（わかりました）」という歌を流行らせた。命令に対する口答えは身の破滅を招きかねない。黄は歌を通じて、金正恩に対する絶対服従の雰囲気を徹底させたという。

## 下手に報告したら自分が危ない

米コメディー映画『The Interview（ジ・インタビュー）』は、金正恩をインタビューすることになった米テレビの制作者らが、米中央情報局（ＣＩＡ）から暗殺を依頼されるストーリーだ。正恩は暴君だが気弱な独裁者として描かれた。２０１４年末に公開されたこの映画を巡り、北朝鮮は激怒。北朝鮮メディアは「尊厳高い我が共和国に対する極悪な挑発行為だ」といきり立ち、11月には配給元のソニー・ピクチャーズエンタテインメント（ＳＰＥ）が大規模なサイバー攻撃を受けた。

一方で、北朝鮮関係筋は当時を振り返ってこう語る。「正恩に映画の内容を全部報告しなかったほうがよかったという声も出た」。北朝鮮では「最高尊厳」（金正恩）を傷つける行為は、最悪の敵対行為として受け止められる。実際、２０１６年７月には、米財務省が人権侵害を理由に、初めて金正恩を制裁の対象にしたことを受け、北朝鮮外務省が声明で、「米国の制裁を宣戦布告と受け止め、米朝接触を遮断し、戦時法を適用する」とした。正恩をコケにした内容の映画は、米国の制裁よりもある意味でたちが悪い。同筋は「映画をつくった首謀者を全員殺すくらいの報復が必要だという声も上がった」と語る。「北は金正恩教を信じる集団。指導者を傷つけられて黙っていては、自分の身が危ない」（韓国政府関係者）からだ。

２０１５年４月にはニューヨークの国連本部で、米韓が主催した北朝鮮による人権侵害をテーマにした討論会で、北朝鮮外交官が一方的に討論会を非難する声明を読み上げて退席する騒ぎが起きた。背景には、国連の北朝鮮人権調査委員会が２０１４年２月、正恩の将来的な訴追も視野に置いた人権侵害に関する最終報告書を公表した流れがあった。

だが、北朝鮮には映画を巡る事件で、遠く離れた米国まで乗り込んで、テロまがいの行動を取る力はもちろんなかった。だからと言って、一度怒りの拳を振り上げた以上、何もしないでは済まされない。その結果が、激しい憎悪の言葉のオンパレードとサイバー攻撃だったたという。

同筋は「その後、みんな先を読むようになった」と話す。「下手に報告して、最後まで報復もできないようでは自分が危ない。ならば、報告せずにおこうという流れが強くなった」

## 12万人の政治犯を収容

「北韓（北朝鮮）当局の幹部たちとすべての北韓住民の皆さん」。２０１６年８月15日、日本統治からの解放を祝う「光復節」記念演説で、朴槿恵大統領は北朝鮮に向かってこう呼びかけた。金正恩とその他の人々を区別したのは初めてだった。続く10月１日の「国軍の日」。朴大統領はまたもこう呼びかけた。「北韓（北朝鮮）住民が希望と人生を見つけられる道を切り開いておく。いつでも韓国の自由の地に来られることを望む」。韓国大統領が北朝鮮市民に直接、脱北を促す発言をするのは、きわめて異例のことだ。

朴大統領は、この演説のなかで金正恩政権による深刻な人権侵害の実態にも言及した。民心の離反があると読んでの発言だった。

脱北者約２００人への聞き取りなどを基に、韓国統一研究院が２０１６年４月に発表した「北韓人権白書」によれば、北朝鮮の５ヵ所に８万～12万人が政治犯として収容されているという。5ヵ所のうち、拘禁施設の咸鏡北道清津（ハムギョンブクトチョンジン）の25号管理所以外の4ヵ所は、周囲を鉄条網などで隔離した村落として存在し、家族も同伴して収容されるケースが目立っている。

北朝鮮は当初、敵対政治勢力だけを収容していたが、徐々に体制を批判したり、脱北を試みたりする人も収容するようになった。収容所内では強制労働や拷問が日常化し、劣悪な衛生環境や食糧不足など、深刻な人権侵害が起きているという。

また、北朝鮮では最近、脱北行為に対する摘発も厳しくなっている。これまでは短期収監施設の「労働鍛錬隊」で6ヵ月ほど働くだけだったが、2014年ごろからは「労働教化所」で3〜5年の間、強制労働を科されるようになっている。そのためか、韓国統一省によれば、韓国に入国した脱北者の数は、金正日政権末期の2009年に2914人を記録。金正日が死去した2011年にも2706人だったが、金正恩政権になった翌2012年に1502人と急落している。以後も、年間2000人に満たない状況が続いている。

正恩は中朝国境地帯に鉄条網を設置したほか、毎週土曜日に開かれる「生活総和」と呼ばれる政治教育集会への出席も厳格化した。金正日政権末期には、金さえ払えば「ずる休み」することも可能だったが、重病か特に重要な公務がない限りは出席を強要されるという。正恩は「裏山に落ちた針1本の音も聞き漏らすな」「必ず報告しろ」と強調する。政権批判の落書きが見つかり、犯人が発見できなければ、周辺の地区住民全員が連帯責任を問われる。

２０１５年10月に朝鮮労働党創建70周年記念大会があったかと思えば、２０１６年５月には36年ぶりとなる朝鮮労働党大会の開催が続き、その間には無報酬での残業を強要する「70日戦闘」や「２００日戦闘」が続いた。市民は早朝から深夜までの労働を強いられるため、余計なことを考える暇がない。記念行事の際にはマスゲームや大規模な行進行事があるため、一糸乱れぬ動きを強要される練習を通じて思想教育がさらに進む。幹部ともなれば、地方の農場などで強制労働を科して反省を強いる「革命化教育」も待っている。

厳しい統制から、政治の場で活躍したいと願う人は減っている。北朝鮮でエリートが輩出する金日成総合大学では、昔は卒業後に朝鮮労働党中央委員会に入ることを熱望する学生が圧倒的に多かった。それが出世への入り口だったからだ。しかし、最近では外貨を稼ぐ機会に恵まれた外交官や商社への就職を希望する学生が増えているという。政治の場に赴くことは、それだけ粛清の危険を背負うことになるからだ。

２０１４年ごろに韓国に入国した元労働党幹部はこう話す。「党内でも最近は、責任の重い部署、金正恩が力を入れている政策に関係する部署に就くことを嫌がる幹部が増えている。もちろん、本当のことを言えば、『敗北主義だ』『党に背いた』として粛清されかねない。忠誠心を疑われないよう、病気や能力不足を理由にうまく逃げる人間は多い」

## 余計なことを考えてはいけない

だが、北朝鮮関係筋はこうも言う。「たしかに、人権侵害がひどいのは事実だ。しかし、北朝鮮の人々だってしたたかだ」

２０１６年3月18日早朝、北朝鮮は朝鮮半島西側の黄海沿岸にある平安南道粛川（ピョンアンナムドスクチョン）から、日本海に向けてノドン中距離弾道ミサイル２発を発射した。うち1発は空中で爆発したが、もう1発は約８００キロ飛行し、日本の防空識別圏内に落下した。

軍事関係筋によれば、粛川の西北約30キロの地点にはノドンミサイルを格納する基地があるなど、一帯が重要な軍事拠点になっている。航空機基地が３ヵ所、ヘリ基地が1ヵ所ある。それぞれに航空燃料の備蓄タンクがあり、別途に統括した備蓄基地がある。備蓄基地からは、それぞれの基地の演習に合わせて航空燃料を配給するシステムになっているという。

航空燃料は北朝鮮にとって非常に重要な資源だ。韓国政府によれば、北朝鮮は２０１２年ごろまで中国から年間４万〜６万トンの航空燃料を輸入していたが、３度目の核実験を行った２０１３年は中国が輸出を絞ったとみられ、約６００トンに急減した。空軍の演習は大幅に縮小され、「効果は実証済み」（政府関係者）という。

燃料不足から空軍の戦闘機パイロットの飛行時間は１ヵ月あたり数時間程度で、離着陸がやっとという程度の技量。爆撃や攻撃などの演習を図上で行い、「このくらいの高度なら、地上の目標はこのくらいの大きさに見える」といった教育を施すほどだという。

それほど貴重で不足した航空燃料だから、管理も厳重であるにもかかわらず、これを盗んで私服を肥やす軍人が跡を絶たないという。盗品の燃料を引き受けて売りさばく専門のブローカーまでいる。

軍人たちは、売り払った燃料の帳尻を合わせるため、タンクに水を入れてごまかす。突然、演習の指示があるときは、慌てて「水入りの燃料」を濾過して使うという。各基地は、演習の結果を上部機関に報告する必要があるが、演習回数を水増しして、航空燃料の消費量をごまかすこともある。見つかれば重罪は間違いないが、それでも平気で犯罪を繰り返す。

また、２０１５年11月26日、南北軍事境界線近くで南北実務者協議があった。このとき、午前９時だった開始予定が１時間以上遅れた。

原因は使用した北朝鮮施設の通信設備の故障だった。南北協議では通常、平壌とソウルでそのやりとりをモニターする。最前線の交渉現場に随時、指示を送るためだ。

だが、電気設備はずっと使っていないと老朽化する。北朝鮮施設もご多聞に漏れず古いし、南北関係の冷却化で未使用の状態が長く続いた。会議前日の点検では問題なかったのに、当日使ってみたら、接触不良で一部のスピーカーから音が出なかった。

このとき、修理にあたった南北の技術者が対照的な動きを見せた。韓国の技術者は焦っていた。「自分が直さないと会談が始まらないし、南北関係に影響が出る」と思って、必死になった。あたふたと連絡を取り、走り回る韓国の技術者を横目に、北朝鮮技術者は何をしていたのか。

北の技術者は「私が前日に点検したときは動いた」と言って、「自分の責任ではない」と繰り返すばかり。表情にも緊張は見られなかった。結局、韓国技術者の奔走で設備は復旧したが、北朝鮮技術者は最後まで手を出さなかったという。

北朝鮮では「余計なことを考えてはいけない」と教えられる。知識もない。自分のことだけやればいいから、ストレスを感じない。ある脱北者は、韓国に来て最初のころ、食堂に入るのが嫌だったという。「メニューを見て一番美味しくて安いものを選びたいが、よく失敗した。隣の人の注文したものが美味しく見えて腹が立ったこともある。北にいたときは、全部国が決めてくれたから楽だったのに」と話す。韓国政府関係者は「北の地方に行くと禿げや白髪の人間をなかなか見かけない。精神的に余裕があるのではないか」と苦笑交じりに話す。

## 経済の底上げ進む

１９９０年代半ばに経験した「苦難の行軍」と呼ばれる大飢饉を乗り越え、生活も貧しいながら、少しずつよくなっている。

この南北実務者協議の時、昼食は北朝鮮が準備をした。板門店には食事をとる施設がないからだ。

北朝鮮が用意したのは弁当だった。大きめの箱におかず、小さめの箱にご飯とサンドイッチ。食べた韓国代表団は「これまで食べたことがないくらい美味しかった」と感じた。

韓国政府は通常、平壌以外の場所で会談するときは、衛生面に神経をつかう。生ものは食中毒になる可能性があるからだ。北朝鮮側は、韓国側が食べないと自分たちも食事にありつけないため、「本当に貴重な料理なんです」「美味しいですよ」と言って、川魚の刺身などを無理やり勧めてくる。無理に食べて戻すケースも頻繁に起きた。韓国代表団はお互い、「腹が減っても火が通っていないものは食べるな。我慢できなければ、食事前に菓子を食べるか、食後に持参したカップラーメンを食べろ」と言い合うのがおきまりだった。ご飯も普通、北朝鮮が出す場合は古米が多くてパサつき、冷めている。だが、この日、北朝鮮が用意した弁当に入っていたご飯からは湯気が出ていた。

金正恩は、核開発と経済改革を同時に推進する「並進路線」を提唱する。「自力更生」も掲げて、企業所などに独立採算を強いている。その代わり、集団農場では、働く人々の班分けを細かくしたうえに家族中心の編成にして、「儲けたい」という意欲をかき立てた。収穫量がノルマに達した場合、農民たちが余った作物を売買する権利も広げた。企業所では、これまで国が生産する品目を細かく指定していたが、最近では「つくりたい物」「儲かる物」を生産することを認めるようになった。

貧富の格差は広がり、賄賂などモラルの低下がみられる一方で、全体的な経済の底上げは低い水準ながら進んでいる。「自由の地に来られよ」という朴槿恵大統領の呼びかけに、易々と応じるような状況ではないことは確かなようだ。

# 第４章　世界をまったく知らない男

## 5回目の核実験で見せた怯え

金正恩は2011年末に権力を継承して以降、ほとんど外交の場に姿を見せたことはない。最も北朝鮮と近いと言われる中国ですら、金正恩との会談に臨んだのは、いずれも平壌を訪れた2013年7月の李源潮国家副主席と2015年10月の劉雲山中国共産党常務委員の2人しかいない。

「外交にまったく関心がない」（クリストファー・ヒル米元国務次官補）と言われる正恩だが、世界をどう見ているのか。

2016年9月9日午前9時（日本時間同9時30分）、北朝鮮は咸鏡北道吉州郡豊渓里（キルジュグンプンゲリ）の核実験場で5回目の核実験を行った。「9」は、朝鮮半島でも楽しまれる花札の「おいちょかぶ」で最強の「カブ」にあたり、縁起の良い数字とされる。

9月9日は北朝鮮の建国記念日。金正恩自身の誕生日も1月8日で足すと9だ。金正日総書記の誕生日は2月16日。2016年でも、長距離弾道ミサイルを発射した2月7日、潜水艦発射弾道ミサイルを発射した4月23日、ムスダン中距離ミサイルを発射した5月31日なども、数字を足すと9だった。「9」にそろえたことには、科学的・軍事的な合理性よりも、政治的な思惑や、「縁起」を優先させる、個人独裁国家である北朝鮮ならではの事情を窺わせた。

この5回目の核実験では一つの興味深い現象が起きた。1月6日に行った4回目の核実験で、あれほど強調した金正恩の名前が消えたのだ。

北朝鮮は4回目の核実験を発表した政府声明の中で、正恩が朝鮮労働党を代表して2015年12月15日、水素爆弾実験の実施に関する命令を下し、2016年1月3日、最終命令書に署名したと伝えた。翌7日の労働新聞は、最終命令書に署名する正恩の写真を大きく掲載した。

ところが、5回目の実験の際、北朝鮮は核兵器研究所の「核弾頭爆発実験が成功裏に行われた」とする声明を発表しただけに終わった。正恩の名前は一切なかった。

核実験がらみで正恩が登場するのは、実験から2週間経った22日。朝鮮中央通信が、錦繡山太陽宮殿で、正恩と核実験成功に貢献したメンバーが記念写真を撮ったと伝えた時だった。

なぜ、このような変化が起きたのか。韓国政府はこの背景には、米国が2016年7月6日に発表した対北朝鮮制裁が関係しているとみている。

米財務省はこの日、北朝鮮での人権侵害にかかわっているとして、正恩を金融制裁の対象に指定した。米国内の資産が凍結されるほか、米国人との取引ができなくなった。同省は制裁の理由として、北朝鮮が管理所と呼ばれる政治犯収容所に、子どもを含めた8万〜12万人を収容していると明記した。

米国はそれまで北朝鮮の団体や政権幹部らを何度も制裁対象に指定してきた。しかし、正恩についてはターゲットから外していた。韓国政府関係者はその理由について「北は狂信的な宗教団体のようなものだ。一人独裁体制だから、その独裁者をターゲットにすれば、当然下々《しもじも》は反発せざるを得なくなる。関係がきわめて悪化することは明らかだから、あえて避けてきたのだろう」と語る。

事実、米国政府は2016年春先までは人権侵害を理由とした制裁を推進する一方、正恩を対象から外す考えを韓国側に伝えていた。しかし、北朝鮮が潜水艦発射弾道ミサイル（SLBM）や米領グアムも射程に収めるムスダン中距離弾道ミサイル（射程3000キロ以上）の試射を次々と行うなかで、態度を硬化させて、正恩の訴追に踏み切った。

これを見た北朝鮮は激しく反発。米政府に7月、「今から朝米関係で提起されるすべての問題を我が共和国の戦時法に従って処理し、抑留された米国人問題も例外ではない」と警告した。そのなかで「我々の最高尊厳（正恩）に言い掛かりをつける米国の今回の制裁措置を史上極悪な特大型犯罪行為、宣戦布告と見なす」と強調。「第1段階として朝米間に唯一存在してきた公式接触ルートであるニューヨーク朝米接触ルートを完全に遮断する」と伝えた。

その一方で、正恩がこれ以上追い込まれないよう、核実験を自ら指揮したという痕跡を消す作業に出たと見られる。

韓国政府の分析によれば、正恩は経験不足や若さを隠すために「胆力」を見せることを好む性格というが、虚勢を張り続けるなかで怯えた様子も垣間見せた瞬間だった。

## 正恩、モスクワに現れず

2014年秋、ロシアが外交ルートを通じ、金正恩に働きかけた。翌2015年5月9日にモスクワ・赤の広場で開かれる戦勝70周年の記念式典と軍事パレードに正恩を招待したいというものだった。5月9日は、ドイツが第2次世界大戦の降伏文書に調印した日にあたる。

当初、西側の外交団は高をくくっていた。外交に関心を持たない正恩が、最も関係の深い中国ならいざ知らず、それほど深い関係ではないロシアを最初の外遊先に選ぶことなどあるだろうか。実際、金正日総書記は２０１１年８月、東シベリアのウランウデでロシアのメドベージェフ大統領と会談した際、戦闘機の輸入など軍事支援を申し入れたが、ロシア極東から北朝鮮を経て韓国に天然ガスを送るパイプラインの敷設事業への協力を引き出しただけで終わった。当時、ロシアはわざわざ視察先に発電所や民間用のヘリコプター製造工場などを選び、間接的に軍事支援をする意思がないことを示しもした。

ただ、後述するが、この２０１４年秋は正恩が中国に対する怒りで震えている時期にあたった。正恩はパレードに参加する考えをロシアに伝えた。

ロシアのペスコフ大統領報道官は２０１５年１月末、「北朝鮮首脳の参加が確認され、我々は（正恩の）訪問に向けた準備を進めている」と述べた。これで俄然、西側諸国の動きが慌ただしくなった。最も慌てたのが韓国だった。韓国政府内には北朝鮮を牽制する意味からも、朴槿恵大統領の訪ロを考えるべきだとする意見もあった。しかし、ウクライナ問題でロシアと激しく対立する米国が強く反発し、韓国は大統領どころか外相の派遣も見送った。ここで、正恩がプーチン大統領との関係を深めれば、韓国の対北朝鮮政策が弱体化することは火を見るより明らかだった。

韓国の国家情報院は要員をモスクワ各所に配置し、北朝鮮側の動きを探った。朝鮮労働党国際部や護衛司令部要員が次々にモスクワに現れた。国際部は、北朝鮮指導者が外遊する場合、必ず先乗りして訪問先の友好党と議題などを調整する。護衛司令部は指導者の警護が役割だ。彼らが式典会場となる赤の広場と北朝鮮大使館を結ぶ交通路などを調べている様子も見て取れた。「正恩の動線をチェックしている」。韓国政府はそう判断した。

動線で最後までわからなかったのは、正恩がどこに宿泊するか、ということだけだった。それすらも、「きっと大使館か、列車で来た場合は特別車両で宿泊するのだろう」と結論づけた。

ところが、行事が9日後に迫った4月30日、ペスコフ報道官は「彼（正恩）は平壌に残る決定をした。この決定は外交チャンネルを通じて我々に伝えられた」と述べた。その少し前の4月22日にウシャコフ大統領補佐官が「北朝鮮側とのさまざまな接触の中で、金正恩氏がモスクワに来る方向だと確認された」と述べたばかりだったというのに。

この情報に関係国は混乱した。「なぜ突然、訪ロをキャンセルしたのか」

ロシア政府は、軍事パレード前後に北朝鮮が長距離弾道ミサイルの発射や核実験を行わないよう働きかけていた。モスクワで正恩がプーチン大統領と会談する際には、北朝鮮の核開発問題を取り上げる考えも示していた。韓国政府は、これに正恩が不満を示したのではないかと考えた。
一方、戦勝パレードでの席順を問題視したのではないかという観測もあった。北朝鮮はロシアに対し、正恩が訪問した場合に最上級の接遇をするよう求めていた。いわゆる「主賓として扱え」という要求だった。だが、ロシアが関係国に示したパレードでの席順は、プーチン大統領の両隣に習近平中国国家主席とモディ・インド首相が立ち、正恩はそれに次ぐ扱いになっていた。これに正恩が怒ってキャンセルを決めたという説が流れた。

そして、その名代としてモスクワに発った玄永哲人民武力部長は、前章で述べたように訪ロを終えた直後に処刑された。正恩がロシア出発前の玄に「プーチンから巨額の軍事支援を引き出せ」と厳命され、それを訪ロ中にぼやいたことが、「正恩への反逆」と受け止められたことが原因だとされた。

大規模な行事まで1ヵ月を切るような段階で、キャンセルを決め、周囲を振り回した正恩の非礼と横暴に国際社会はあきれ、北朝鮮の高官たちは肝を冷やした。

## 米国に与えた屈辱

人質外交は、北朝鮮が6者協議に応じなくなった2009年以降、米国に対して取ってきた主な戦術の一つだ。

北朝鮮は2009年3月17日、中朝国境で取材していた米カレントテレビの女性記者2人を拘束。6月に「朝鮮民族敵対罪」などを適用して労働教化刑12年の判決を言い渡した。だが、刑を執行せず、平壌市内の招待所に軟禁し、同年8月にはクリントン元大統領を平壌に招いた。当時、北朝鮮はオバマ政権の閣僚の訪朝を要求していた。人質解放を理由に政治交渉を行うことを嫌った米側が選んだのが、クリントン氏だった。

クリントン氏らは金正日総書記と会談し、夕食もともにした。深刻な表情のクリントン氏たちとは対照的に、金正日らは陽気に豪華な料理を食べ、ワインを楽しみ、「アリラン」マスゲームにクリントン氏を誘いすらした。北朝鮮は女性記者2人を解放したが、米朝交渉に関する重大な提案は一切なかった。

金正日が死去してから3年後の2014年11月、今度は、クラッパー国家情報長官が訪朝した。北朝鮮が抑留していた米国人ケネス・ベー氏とマシュー・ミラー氏の解放が目的だった。

韓国系米国人のベー氏は、宣教師として2012年11月、北朝鮮北東部の羅先（ラソン）に滞在中、国家転覆を図ったとして拘束された後、15年の労働教化刑を言い渡された。ミラー氏は、2014年4月、北朝鮮での入国審査の際、査証を破り捨てて亡命を求めたとして身柄を拘束され、6年の労働教化刑が言い渡されていた。

このときもオバマ政権は解放を口実にした交渉を嫌い、国務省ではなく、クラッパー氏に訪朝を命じた。北朝鮮側から出てきたのは正恩ではなく、側近の金英哲（キムヨンチョル）偵察総局長と金元弘（キムウォノン）国家保衛部長だった。彼らはやはり、食事でクラッパー氏をもてなし、ベー氏とミラー氏を解放したが、在韓米軍や米韓同盟をあからさまに批判するなど、社交とはほど遠い好戦的な姿を見せた。やはり、北朝鮮側から米朝交渉に関する重大な提案はなかった。

そして2016年、北朝鮮はついに、新たに抑留した米国人2人との領事面会を拒否した。正恩を制裁の対象にした米国の措置に反発し、すべての米朝接触を断つとした7月の北朝鮮外務省声明を実践した格好になった。

北朝鮮は同年3月、米バージニア大学3年生のオットー・フレデリック・ワームビア氏に

15年の労働教化刑を言い渡した。同氏は1月、旅行先の平壌市内のホテルで壁にかかった政治スローガンをお土産にしようと思って取り外した。予想以上に大きかったため、そのまま放置して立ち去る姿が監視カメラに映っており、帰路の空港で拘束された。4月には「国家転覆行為とスパイ行為を働いた」として抑留していた韓国系米国人、キム・ドンチョル氏に対し、国家転覆陰謀罪とスパイ罪にあたるとして10年の労働教化刑を言い渡した。

米国は、北朝鮮で米国の利益を代表するスウェーデン大使館に、この2人との領事面会を依頼した。しかし、北朝鮮は春先にワームビア氏との面会を一度認めただけで、その後はまったく応じなくなった。米国はスウェーデンを通じ、北朝鮮に対して領事関係に関するウィーン条約違反だとして抗議したが、北朝鮮は無視した。

もともと北朝鮮は、オバマ大統領を「猿」と揶揄するなど、挑発を続けてきた。米国で2014年末に封切られた正恩をからかったハリウッド映画の上映や、正恩に対する制裁指定などで歯止めが利かなくなった。

同時に、オバマ政権がウクライナや「イスラム国」などへの対応で手が回らないことを見越して調子に乗った行動とも言える。

北朝鮮の労働新聞は2016年2月25日付の紙面で、「ソウルとワシントンを火の海にしよう」と主張。３月26日には、潜水艦発射弾道ミサイルがワシントンを破壊する様子を映した動画を発表した。５回目の核実験を終えた後の２０１６年10月６日の外務省報道官談話では、米国を「我々との政治的・軍事的対決で連敗した敗北者」「オバマの哀れな境遇」などとこき下ろした。そして「米国は近い将来、我々の生命を狙った矛先がむしろ自分の息の根を止める身震いする現実に直面するであろう」と強調した。

米国はけっして北朝鮮の軍事力を恐れているわけではない。通常兵力では北朝鮮を圧倒しているし、北朝鮮が核兵器を使おうとすれば、トマホーク巡航ミサイルや潜水艦発射弾道ミサイル、ステルス爆撃機などを使って北朝鮮を徹底的に破壊するだろう。

ただ、現在はそんな行動に出るほどの危機ではないと認識している。洟《はな》も引っかけていないだけなのだ。米政府関係者は警告を込めて言う。「正恩は米国の恐ろしさをわかっていない」

２０１７年秋にはトランプ新政権の対朝鮮半島政策がまとまるだろう。ただ、もし今後、米朝が交渉のテーブルに再びつくことがあっても、正恩が米国に与えた侮辱の代償は高くつくことになるだろう。

## 習近平への怒り

中国と北朝鮮の関係は、朝鮮戦争をともに戦ったことから「血盟」とも言われる。だが、1960〜70年代にかけて金日成国家主席がソ連と中国の間に立った独自外交色を強めたころから、徐々に疎遠になった。金正日総書記も、中国の影響を受けた政治勢力の伸長などを警戒し、けっして中国に気を許さなかった。それでも2001年1月には上海を訪れて半導体工場や証券取引所などを視察。中国の経済改革政策に学ぼうとする姿勢を示し、その半年後には独自の経済改革に踏み切った。中国もそれなりに気を遣い、金正日が北京を訪れれば、中国共産党常務委員全員が交代で面会してもてなした。

金正恩も当初は中国との関係を重視するかに見えた。2010年10月に訪朝した中国共産党の周永康党政治局常務委員は正恩に、金日成と中国の毛沢東主席が懇談する写真があしらわれ、「中朝の伝統的友誼が、子々孫々伝えられることを願う」などと書かれた置物を贈った。2012年7月には平壌市内に新しく完成した綾羅（ルンラ）人民遊園地に夫人の李雪主とともに現れ、中国の駐北朝鮮大使だった劉洪才と仲良くジェットコースターに興じる様子が、朝鮮中央通信によって配信された。

正恩は2013年2月、中国の制止を振り切って3度目の核実験を行ったが、その半年後の7月、朝鮮戦争休戦60周年で訪朝した李源潮中国国家副主席との会談に応じた。正恩は「6者協議再開に向けた中国の努力を支持する。朝鮮半島の平和と安定を維持したい」とも述べた。

こうしてそれなりに続いた中朝関係が決定的に悪化したのが2014年7月だった。このとき、習近平中国国家主席は朝鮮半島外交の最初の訪問地として、平壌ではなくソウルを選んだ。中国の最高指導者が北朝鮮の首脳と会う前に韓国を訪れるのは、1992年の中韓国交正常化以来、初めてのことだ。習近平は朴槿恵大統領と会談した後、「核兵器の開発に確固として反対する立場を再確認した」とする共同声明を発表し、北朝鮮の核開発を真っ向から批判した。

これに正恩は激怒した。すぐに側近を呼びつけ、中国製品の輸入禁止と朝鮮中央テレビで流している中国製ドラマや映画の放映中止を命じた。心配した側近の一人が「金日成主席も中国とソ連の間で独自の外交を展開されました。等距離外交が我が国の伝統的な外交戦略です」と献策すると、有無を言わさず処刑した。

「中国が駄目ならロシアがある」と言わんばかりにロシアに接近する。北朝鮮の記念日に習近平とプーチンが祝電を送れば、プーチンの祝電を労働新聞1面で伝え、習近平は2面や4面で、というあからさまに冷淡な扱いをした。正恩が2015年5月に予定したモスクワ訪問を土壇場でキャンセルしたのも、同地で習近平と鉢合わせしたり、格下に扱われたりするのが嫌だったからだという観測が流れた。

習近平も金正恩が嫌いだったが、北朝鮮が暴走することは避けたかった。中国の朝鮮半島政策は「半島の平和と安定」「話し合いによる解決」「半島の非核化」という3大原則から成り立っているが、中国の経済発展と繁栄のためには、「半島の平和と安定」が最も重要だと位置づけていたからだ。

中国側は2015年10月の朝鮮労働党創建70周年を一つの節目と考えた。北朝鮮がこの行事を最重要視していることは、半年も前から平壌市民がマスゲームや行進の練習を始めたことからも明らかだった。大規模な国家行事としたいなら、海外からの賓客を必要とするはずだ。中国抜きの行事など考えられないはずだ。

結局、北朝鮮は中国共産党の劉雲山政治局常務委員を招待し、正恩が平壌で会談に応じた。劉は会談で「中国は中朝関係を高度に重んじている」とする習近平の親書を正恩に手渡した。ただ、正恩の態度はそっけなかった。劉はハイレベル交流の強化や経済協力などを通して「中朝関係の新たな未来を開きたい」と強調。「中国は半島の非核化という目標を堅持する」として6者協議の早期再開を呼びかけたが、正恩は「我々は安定した外的環境を必要としている。半島情勢の安定の維持のため努力を続ける」と述べただけだった。

中国共産党機関紙の人民日報は10月10日付1面で、正恩と劉が笑顔で握手する写真を掲載したが、同じ10日付の労働新聞は3面で扱っただけだった。

それでも、劉は訪朝時、一つの仕掛けを残した。金正恩がつくった女性グループ「モランボン楽団」の北京公演を持ちかけ、了承を得たからだ。

## モランボン楽団公演中止の顚末

2015年12月、モランボン楽団と男声合唱団「功勲（コンフン）国家合唱団」は、労働党書記（現副委員長）の金己男（キムギナム）らに見送られ、平壌駅発の国際列車で中国に向かった。この行事が中朝両国改善の一里塚とされていることは明らかだった。

両楽団は12月11日に北京でリハーサルを実施した。翌12日から3日連続で北京の国家大劇院で行う公演チケットは早々に完売し、延長公演も検討されるなど、雰囲気は上々だった。

ところが、12日になって突然、両楽団は公演をキャンセルし、帰国の途に就いた。

何があったのか。

11日のリハーサルで使った背景映像に、２０１２年12月に北朝鮮が行った長距離弾道ミサイルの発射実験の様子が含まれていた。これを見とがめた中国は、発射実験を受けた国連安全保障理事会制裁決議に賛成した立場から、映像の削除を求めた。

北朝鮮側は「平壌での過去の公演でも使った映像であり、中国が今になって削除を要求するのはおかしい」と抵抗した。楽団の演奏内容や演出は、ほとんど正恩が指導しており、勝手に変更するなど、できない相談だった。

たしかに中国は当初、それほど問題視していなかった。だが、朝鮮中央通信が12月10日に流した報道が転機になった。同通信は、正恩が平壌の平川（ピョンチョン）革命事績地を視察した際、「我が国は自主権と民族の尊厳を守る自衛の核爆弾、水素爆弾の爆音を響かせることができる強大な核保有国になれた」と述べたと伝え、この発言が内外で報道された。公演は、北朝鮮の核開発に強い不快感を示し続けてきた習近平も観覧することになっていた。

焦った中国は強硬に映像の削除を要求。削除しなければ、楽団が宿泊するホテルと公演会場を結ぶ送迎バスの提供を中止すると通告した。だが、北朝鮮側は要請を無視。交渉は12日午後まで続いた。中国側が最後に「削除しなければ、習近平国家主席ら指導部は観覧しない」と伝えた。交渉が決裂し、北朝鮮側は帰国した。

正恩はその3日後の12月15日、水爆実験を実施する命令を下した。最終命令書には「2016年の荘厳な序幕を初の水素爆弾の爽快な爆音で開くことで、全世界が偉大な朝鮮労働党を仰ぎ見るようにせよ」と書かれていた。翌2016年1月6日、北朝鮮は中国に事前通告することなく、4回目の核実験を実施した。

## 憎み合う中朝

北朝鮮はさらに中国をコケにする挙に出た。2月2日、中国外務省の武大偉・朝鮮半島問題特別代表が平壌の順安（スナン）国際空港に到着した。韓国政府によれば、中国は数日前、関係国に武氏の訪朝を伝えていた。だが、同じころ、北朝鮮は2月8〜25日の期間を指定し、事実上の長距離弾道ミサイル発射計画を国際機関に通告し、武との協議を拒む姿勢を浮き彫りにした。武は4日、北朝鮮訪問を終えて北京に戻った。記者団に「言うべきことはすべて言った」と語ったが、北朝鮮はその3日後にミサイルを発射した。

中国も報復した。韓国統一省は2016年4月8日、北朝鮮が経営する国外レストランの男性支配人1人と女性従業員12人が集団で脱出し、7日に韓国に入国したと発表した。13人は中国浙江省寧波市にある柳京（リュギョン）レストランで働いていた。支配人が旅券を一括管理していたため、通常の手続きで出国したとされるが、中国が女性従業員たちの動きを知らないはずはなかった。通常なら北朝鮮側に引き渡すか、出国を認めないところを、黙認してやり過ごした。中国は5月の朝鮮労働党大会にも代表団を送らなかった。

お互いに憎み合う中国と北朝鮮は、1つだけ約束を交わした。

北朝鮮が2016年9月9日に行った5回目の核実験の少し前、小柄で細身だが、太い眉が印象的な男が極秘裏に北京に到着した。朝鮮労働党国際部の金成男（キムソンナム）副部長。中国共産党中央対外連絡部のカウンター・パートで、「党対党の特殊な関係」を望む北朝鮮が送った使者だった。

日米韓はこの動きに関心を持った。中国と北朝鮮が最近取り交わした「約束」を果たしに現れたと考えたからだ。

中国は北朝鮮による核兵器・弾道ミサイル開発にいらだっていた。米国と韓国が、朝鮮半島に高高度迎撃ミサイルシステム（THAAD）を配備する口実を与えた。韓国内では「核武装論」が強まりはじめた。いずれも、中国の安全保障環境を悪化させかねない重大な懸念材料だった。5月末に朝鮮労働党大会の報告という名目で訪中した李洙墉党副委員長に対し、習近平中国国家主席は、一つの約束を迫った。「重大な決定事項について意思疎通を図る」。この約束は7月末にラオスのビエンチャンで行われた中朝外相会談でも再確認された。

金成男は、この約束を果たしにやってきた。

「北朝鮮は核実験を予告したのか」。実験後、日米韓からの矢のような質問攻めにあった中国側は、北朝鮮に強い不快感を示しつつも、こう答えた。「特に答える材料は持っていない」

答えは、核実験当日、9月9日の北朝鮮の建国記念日当日の労働新聞にあった。1面にはプーチン・ロシア大統領からの記念日を祝う電報を紹介する記事が掲載されたが、習近平主席からの祝電はなかった。北朝鮮関係筋は「中国の最低限のメンツは守ってあげた」と語る。

最低限の関係だけを続ける両国。正恩が訪中する日はまだ予測できない。

### 罵り合う南北

「北韓(北朝鮮)住民が希望と人生を見つけられる道を切り開いておく。いつでも韓国の自由の地に来られることを望む」。2016年10月1日、韓国の朴槿恵大統領は、「国軍の日」の記念演説でこう語った。朴槿恵は演説で「北の当局や軍人、住民に、北韓政権が置かれた現実を明確に伝えたい」と主張。「核とミサイルで政権安定と内部結束を図ることは錯覚と誤算だ。体制の亀裂と内部の動揺はさらに拡大するだろう」と語った。

韓国政府関係者によれば、朴槿恵は従来、対話によって相互信頼を積み重ねて問題解決を図る「南北信頼醸成プロセス」を提唱してきた。実際、2015年夏に軍事境界線近くで起きた北朝鮮木箱地雷爆発事件を対話で解決に導き、秋には南北当局者会談を実現させた。自らの主張が正しかったことが証明されはじめた2016年1月、北朝鮮は核実験に踏み切った。

この2015年夏から秋にかけての時期こそ、朴槿恵政権と金正恩政権が最も接近した時期だった。

北朝鮮は地雷爆発事件による緊張を収拾するため、黄炳瑞軍総政治局長と金養建（キムヤンゴン）党統一戦線部長を急遽、板門店（パンムンジョム）に派遣した。韓国側が強い態度で謝罪や再発防止を要求し、「合意できなければ、直ちに帰れ」と突き放しても、容易に引き下がらず、粘り強く対話した。当時の韓国政府には「北が我々の政策を受け入れた」（関係者）とする声が広がり、南北離散家族の面会事業や当局者協議を実施した。

そこで浮上したのが金剛山（クムガンサン）観光の再開案だった。

北朝鮮は当時、外貨の枯渇に苦しみ、1998年から2008年まで約4億9000万ドル（約565億円）の収益を上げた金剛山観光事業の再開を渇望していた。南北は2016年1月にも金剛山観光を開発した現代峨山関係者らを訪朝させる案を検討。北朝鮮側は訪朝を認め、正恩が南北合意書にサインしたという。

前のめりになる韓国を押しとどめたのが米国だった。韓国は当時、米政府に対して「北は確実に態度が変わった。核を放棄するかもしれない。もう一度だけ、北に確認してみてはどうか」と強く勧めた。これを受け、米国の情報当局者らが2015年9月下旬の秋夕（旧盆）の直前、韓国・烏山（オサン）空軍基地から軍用機で極秘に平壌に入った。だが、北朝鮮側は核開発と経済改革を同時に進める並進路線を堅持する考えを改めて強調するばかりだったという。

このころ、米国は咸鏡北道豊渓里の核実験場で核実験に向けた動きがあることもつかんだ。オバマ大統領は10月18日、ワシントンでの米韓首脳会談の際、朴槿恵大統領に対して、北朝鮮に核実験の兆候があることを伝えた。

朴政権は、北朝鮮の非核化を最重要課題としてきた。メンツをつぶされた朴大統領は11月、現代峨山関係者の訪朝方針を取り消し、北朝鮮に伝えた。12月12日に南北次官級協議も打ち切った。

正恩は12月15日、「2016年の荘厳な序幕を初の水素爆弾の爽快な爆音で開く」などとした北朝鮮軍需工業省の文書にサインした。北朝鮮は2016年1月6日、4回目の核実験に踏み切った。

以来、朴槿恵は金正恩を呼び捨てにし、「狂的な無謀さ」「非核化交渉に応じることはない」などと突き放すようになった。軍事境界線近くの軍事宣伝放送も、米軍と事前協議することなく、再開に踏み切った。韓国政府関係者は「VIP（朴槿恵）は怒りに震えている。北がつぶれそうだという情報を好むし、とにかく北に厳しい態度で臨むため、ついていく我々は大変だ」とぼやく。

北朝鮮も負けていない。朝鮮中央通信によれば、北朝鮮の祖国統一研究院は10月8日、朴槿恵による「国軍の日」演説に関連した白書を発表し、「朴槿恵は自ら招いた災いによって最も悲惨な終末を免れないだろう」と強調した。「空前絶後の悪態で民族と歴史に最も恥ずべき罪悪を重ねてきたことが、朴槿恵の執権3年半の行跡だ」とこき下ろした。

韓国と北朝鮮との間には外交ルートのほか、統一省と労働党統一戦線部、国家情報院と国家安全保衛部といった複数のラインが存在した。このうち、統一省ラインは、北朝鮮の金養建統一戦線部長が２０１５年12月に交通事故死してから、うまく稼働しなくなった。韓国統一省は南北離散家族の面会事業や金剛山・開城観光事業、開城工業団地事業などを通じて南北対話を進めるのが仕事だったが、北朝鮮の挑発によってすべて中断に追い込まれた。対話がないため、統一省は開店休業の状態だ。

　国家情報院と国家安全保衛部のラインは、いわゆる秘密接触のルートとして危機管理や南北首脳会談のような最重要事項を担当してきた。李明博（イミョンバク）政権では一定の役割を果たし、南北首脳会談の準備も進めたが、２０１１年はじめに北朝鮮側の担当者だった柳敬（リュギョン）国家安全保衛部第1副部長が処刑されて以降、動かなくなった。

　朴槿恵は２０１６年10月末に起きた支援者の女性とのスキャンダルに巻き込まれた。韓国検察は２０１６年11月、朴を企業に資金拠出を強要したり、機密文書を流出させたりした罪の被疑者と断定した。韓国国会は12月９日、朴の弾劾を決議し、朴の大統領権限は停止された。２０１７年春までに憲法裁判所の決定によって大統領職を追われ、その後逮捕されるとの見方が急速に広まっている。

# 第5章　金正恩斬首作戦

## 作戦計画5015

「金正恩は核攻撃を実施できる能力を持てるかもしれない。だが、その場合、すぐに死ぬことになる (and then immediately die)」

２０１６年10月12日、ラッセル米国務次官補（東アジア・太平洋担当）はワシントンでの記者会見でこう語った。

米国は正恩を殺害するどんな計画を持っているというのか。

米国と韓国は従来、「５０」で始まるさまざまな作戦計画を保有してきた。５０００番台は米太平洋軍による作戦を意味する。従来の基本的な計画は「５０２７」と呼ばれる、大規模な陸上戦闘を想定した軍事作戦だった。朝鮮戦争のような大規模な軍事衝突が起きることを想定。(1) 北朝鮮軍に戦争の兆候が発生、(2) ソウルへと南下する北朝鮮軍に対しての防御、(3) 米韓両軍による反撃、(4) 平壌を占領し、さらに北朝鮮全域へと進出——の4段階からなるとされる。有事の際には、海外の米軍69万人という大兵力が朝鮮半島に駆けつけるシナリオだった。

だが、時代とともに、米韓は作戦計画にさまざまな改良を加えてきた。

まず、1999年に北朝鮮の体制崩壊に備えた作戦計画「5029」の基本概念をまとめた。これは1990年代半ばに北朝鮮で発生した深刻な食糧危機を契機につくられた。(1)大量破壊兵器の管理不能な状態、(2)大量難民の発生、(3)飢饉など深刻な人道問題、(4)北朝鮮内での韓国人などを対象にした人質事件、(5)内戦の発生――などを想定した。南北対話路線をとった金大中(キムデジュン)、盧武鉉(ノムヒョン)両政権時代に停滞したが、2008年に登場した李明博政権時代に作戦計画として完成した。

また、ジョージ・W・ブッシュ政権時代、物資不足に悩む北朝鮮軍の燃料消費を促し、攪《かく》乱《らん》する目的で、南北軍事境界線近くで挑発的な偵察飛行を繰り返すなどとした作戦計画「5030」も整備された。

さらに、全面戦争に至る前の局地戦に備えた作戦計画「5026」もつくられた。これは、米軍を中心として北朝鮮の重要施設を爆撃し、戦争の拡大を防ぐ作戦とされる。

そして近年、こうした多様な作戦計画の全面的な見直しが行われた。それが新たな作戦計画「5015」であり、その番号に見直しに至った背景が隠されている。

なぜ、従来の作戦計画番号より若い番号が、新しい計画に付与されたのか。軍事関係筋によれば、「15」とは従来、米軍から戦時作戦統制権が韓国軍に移譲されるはずだった20

15年を意味する数字という。

戦時作戦統制権は、朝鮮半島で戦争が起きた際に部隊の作戦を指揮する権限のことだ。韓国は朝鮮戦争さなかの1950年、米国のマッカーサー国連軍司令官に軍の作戦指揮権を移譲して以来、戦時に自国軍を指揮できない状態が続いてきた。その後、平時の作戦指揮権は韓国軍に戻されたが、平時の5から戦争準備段階の1まで5段階ある防衛準備態勢（デフコン）が3に上がると、米軍に作戦指揮権が移される。自主国防を訴えた盧武鉉政権と、国防費増大に悩むブッシュ政権が2012年4月の移管で合意したが、朝鮮半島の安保に不安を訴える李明博政権の要望もあって、2015年末に移管時期が修正された。

その後、朴槿恵政権になり、2015年末の移管時期も再延期され、韓国が十分な防衛態勢を敷くことができる時まで米軍が維持することになった。しかし、李明博政権当時から、2015年の移管を目指し、韓国軍が主体になった作戦計画づくりが実施された。その成果が「5015」なのだという。

5015とはどんな計画なのか。

軍事関係筋は言う。「今や、どこを向いても全面戦争など起きていない。限定的な空爆やゲリラ戦、テロ攻撃ばかりだ。もちろん、全面戦争への備えも怠ってはいけないが、それだけでは不十分なことは明らかだ」

その結果、従来のさまざまな作戦計画を総合し、つくり直したのが５０１５だ。

特に、大規模な地上戦よりも、ゲリラ戦・局地戦や北朝鮮の体制崩壊に備えた作戦を以前より重視した。北朝鮮軍が不意打ちの武力挑発を多用する戦力に変化してきたことに対処するとともに、暗殺や誘拐、特定の施設破壊を任務とする特殊部隊を重視。戦線を広げずに犠牲者を抑え、戦費の負担を軽くする狙いがある。

## 生け捕りと核兵器除去

金正恩政権下の北朝鮮軍は、兵器の更新がままならず、軍事力の低下が著しい。最新鋭の戦闘機でも30年以上も前の旧型機。核兵器などの大量破壊兵器開発や、潜水艦や航空機で韓国に侵入して暗殺や破壊活動を行う特殊部隊の育成に力を入れている。韓国国防省によれば、北朝鮮特殊部隊は約20万人にのぼる。５０１５に力点を置くのは、こうした北朝鮮軍の戦い方に備えるためとみられる。

また、米軍再編による部隊規模の縮小とともに、無人機や特殊部隊を多用する局地戦に移行したいオバマ政権の思惑もあった。軍事関係筋によれば、局地戦を想定する作戦計画「５

026」はもともと空爆に限定していたが、米国はイラク戦争や過激派組織「イスラム国(IS)」対策の教訓から、空爆だけで決定的な勝利は得られないと判断。特殊部隊も参加させる戦略に傾いたという。

オバマ政権は、アフガニスタンやイエメンなどで、犠牲者を抑える無人攻撃機や特殊部隊を多用。米韓関係筋の一人は「米国は戦争を限定的に行い、早く終わらせたいようだ」と語る。ブッシュ前政権からの米軍再編で事実上の兵力削減となり、2003年に約3万8000人いた在韓米軍が現在、約2万8000人にまで減ったことも関連する。特殊部隊は、非合法な活動で国際的な批判を浴びる一方、戦線拡大や犠牲者を抑え、戦費の負担を軽くする効果がある。

こうした戦略のなか、米韓が特に重視しているのが、金正恩の生け捕りや殺害と核兵器の除去だという。究極の一人独裁体制の北朝鮮では、独裁者の存在や意向が戦争の帰趨《きすう》に直結する。また、核兵器は米韓の安全保障を左右する決定的なカードになるからだ。

米韓両軍は2010年8月の合同軍事演習「乙支(ウルチ)フリーダムガーディアン」で、金正日総書記を捕らえる作戦の演習を実施した。当時は、5027の一環として行われた。北朝鮮軍による韓国侵攻を防いで平壌に進撃する際に、特殊部隊が金総書記の居場所を突き止め、捕らえることを目指した。金正日も金正恩も北朝鮮軍最高司令官や朝鮮労働党中央軍事委員長を兼ねている。独裁者を他の幹部と切り離すことが早期の勝利へのカギになるというわけだ。

こうした作戦は「エフェクツ・ベイスト・オペレーションズ（ＥＢＯ）」という概念に基づくもので、精密爆弾や偵察衛星などの最新の軍事技術を駆使し、敵の致命的な場所を戦争初期から攻撃して短期間での勝利を目指す。北朝鮮の戦争遂行を困難にする重要な攻撃目標はさまざまだが、正恩はそのなかの最高目標だ。

５０１５は予定通り、２０１５年春に完成。この年の米韓合同軍事演習「乙支フリーダムガーディアン」から５０１５を使った演習が始まった。

ラッセル次官補が語った「正恩は死ぬことになる」という発言には、こうした裏付けがあった。

韓国のメディアは、この５０１５作戦計画の一部を「金正恩斬首作戦」と呼び、興奮した。米韓当局は当然、「そんな名前の作戦はない」と否定したが、北朝鮮軍最高司令部は２０１６年2月23日、重大声明を発表し、「極悪非道な『斬首作戦』は我々に対する敵対行為の極みだ」と非難。「『斬首作戦』に投入される敵の特殊作戦兵力がささいな動きを見せれば、事前に徹底的に制圧するための先制的な正義の作戦遂行を始める」と表明するなど、「斬首」という言葉が一人歩きしているのが実情だ。

また、複数の軍事関係筋によると、北朝鮮が核兵器や核物質を統制できなくなった場合、米韓両軍は国連決議などの手続きを経ずに行動を始め、北朝鮮領内に侵入する。大量破壊兵器が流出する可能性が出てくる以上、国連憲章が定める自衛権を主張できると判断しているためだ。米軍の大量破壊兵器除去専門部隊が捜索・管理にあたり、韓国軍が支援する想定になっているという。

## 金正恩を斬首できるのか

果たしてラッセル次官補が警告した通り、正恩を都合良く「斬首」できるのだろうか。

2011年5月1日。オバマ米大統領はホワイトハウスで、2001年の米同時多発テロを首謀したとされる国際テロ組織アルカイダの指導者オサマ・ビンラディンが死亡したとする声明を発表した。パキスタンの首都イスラマバード郊外で殺害したという。

米政府はパキスタン当局の協力で2010年9月、ビンラディンがパキスタンに潜伏していることを突き止めたとされる。この過程で、米中央情報局（CIA）が協力するパキスタン人医師を通じて、ポリオ（小児麻痺）の予防接種を装ってビンラディン容疑者の家族らからＤＮＡサンプルを採取したとされている。ビンラディンが潜む地域で、無料の予防接種を呼びかけたところ、皆が喜ぶなか、接種に応じない家族がいたことに注目、そこから捜査の網を絞り込んでいったという証言もある。レーダーに映りにくいヘリコプターで夜間に邸宅を襲撃した、ともされる。

いずれにしても、ビンラディンの所在を突き止めるうえで、米国は、ビンラディンが潜んでいた地域を治めるパキスタン政府の協力を得ることができた。

だが、正恩の場合、拠点とする官邸や特閣（別荘）がいくつもあるうえ、平素からそこに近づくことができない。接近できれば、関係者の証言や特定の動きを巡る情報を得て、正恩の予定をある程度把握することもできるだろうが、現時点では偵察衛星か高高度偵察機、通信傍受などで集める情報がせいぜいだ。

金日成や金正日の時代、現地視察をする場合は、視察の半年くらい前から視察先の現場では受け入れ準備が始まり、１ヵ月ほど前になると地域住民も「１号行事（最高指導者の参加する行事）が近い」と感じることができたという。しかし、金正恩の時代になって、１号行事を事前に知る人間はごく限られた幹部に限られ、視察する施設で働く人であっても、正恩の動線から外れた部署にいる人間は行事があることを知らずにいるケースもあるという。

一般的に、官邸や烽火（ポンファ）診療所など、正恩が立ち寄ることがある施設はすべて周辺の通行が規制されており、北朝鮮市民といえども、その動線をつねに把握できない仕組みになっている。

元旦（1月1日）や光明星節（金正日の誕生日、2月16日）、太陽節（金日成の誕生日、4月15日）になると、正恩はよく午前零時を期して、父と祖父の遺体が眠る錦繡山太陽宮殿を訪れる。飛行機が好きで、視察先に飛行機で移動することもままある。

だが、核実験や弾道ミサイル発射を続けて国際社会との緊張が高まった２０１６年になると、そうした行動も極端に減った。

もちろん、それでも米韓の情報能力を総動員すれば、正恩の動線をそのまま把握することはできる。最近では、２０１５年11月末、北朝鮮が潜水艦発射弾道ミサイル（ＳＬＢＭ）の試射に失敗したことがあった。北朝鮮は試射が失敗したこともあってか、実験の実施を一切公表しなかったが、米韓は当時、ＳＬＢＭの実験の様子を同時進行で把握。実験のあった海域で小型船舶に乗って視察していた正恩の姿もとらえていた。

韓国陸軍特殊戦司令部は２０１５年９月23日、国会議員らに「戦略的な重要施設」を攻撃する特殊部隊の編制を進めていると明らかにした。北朝鮮に致命的な打撃を与える目的で、正恩の身柄拘束や北朝鮮の重要軍事拠点などへの攻撃を想定するという。だが、韓国軍の場合は、ステルス機能を持った航空機がないし、ビンラディンを殺害した米特殊部隊に匹敵する部隊の技量育成にはまだまだ時間がかかる。

米軍の場合、Ｆ22ステルス戦闘機ラプターやＢ２ステルス爆撃機で襲えば、高射砲や防空レーダー、対空ミサイルでハリネズミのように武装した北朝鮮といえども、それらを防ぐことは容易ではなさそうだ。

ここで問題になるのが、北朝鮮による報復だ。北朝鮮は、米軍による猛爆撃で地域が寸断された朝鮮戦争の教訓から、全土を細かく区切り、それぞれが独自に行動できるよう、軍事施設や食糧貯蔵庫、医療施設などを準備し、通信網が寸断された場合に備えて、一定の指揮権限を現地司令官に与えているという。仮に正恩殺害に成功しても、その他の地域が報復に動き出す可能性は高い。

米韓関係筋によれば、１９９４年当時、クリントン米政権が北朝鮮寧辺（ニョンビョン）にある5メガワット原子炉の爆撃、いわゆるサージカル・ストライクを検討した。ただ、この時、北朝鮮が軍事的報復行動に出ないよう同時に制圧すべき拠点を洗い出した。その数は

2000ヵ所に上ったという。

韓国軍元将校は「トマホーク巡航ミサイルや爆撃機による攻撃を集中して行っても、完全制圧には数時間ではなく、数日かかるだろう」と語る。

また、ジョージ・W・ブッシュ政権時代、米特殊部隊出身のデビッド・マクスウェル大佐がホワイトハウスに呼び出された。そこで政権幹部から、核兵器除去の作戦が可能かどうか意見を求められ、「不可能」と答えたという。同氏は「核の所在を知る必要があるが、北朝鮮には少なくとも5000の地下施設がある。レーダーと防空兵器をつぶす攻撃も必要になる」と話す。別の関係者は「現時点での朝鮮半島を巡る軍事バランスは米韓が圧倒的に有利だ。そんな状況で、無理をして危機を招く必要はないし、米国はそんな危険な行動をけっして取らないだろう」と語る。

斬首作戦を実施に移す瞬間とは、全面戦争も辞さないほど危機が迫ったときに限られそうだ。

## 韓国軍の「先制攻撃」

2016年10月7日、韓国軍合同参謀本部の李淳鎮(イスンジン)議長は「これからは選択と集中が重要だ」とし、北朝鮮の核とミサイルへの対応を最優先課題に据える考えを示した。

同本部はこれに先立つ9月9日、北朝鮮による5回目の核実験直後、緊急に行われた国会報告で、①北朝鮮が核攻撃を行う兆候を示した場合、先制攻撃によって撃滅する「キルチェーン」、②北朝鮮が実際に核ミサイルを発射した場合に、これを迎撃する韓国型弾道ミサイル防衛「ＫＡＭＤ」、③最終的に核攻撃を受けた場合、北朝鮮の司令部を徹底的に破壊して報復する懲罰攻撃「ＫＭＰＲ」という三つの政策を実施する考えを示した。いずれも、２０２０年代半ばに完成させるという。韓国軍はその後、北朝鮮の相次ぐ挑発を受け、完成時期を２０２０年代はじめに前倒しした。

だが、複数の韓国軍元将校や軍事専門家らは異口同音に「そんなことが果たしてできるのか」と語る。

キルチェーンは俗に言う「先制攻撃（preemptive attack）」を意味する。まだ攻撃もしていない相手に対して、先に手を出すことは国際世論の非難を浴びかねない。イラク戦争を仕掛けたジョージ・Ｗ・ブッシュ政権がそうだった。いわゆる、「予防攻撃（preventive attack）」は、国際法違反だとされる。このため、明らかに相手が攻撃を仕掛ける兆候がある場合、正当防衛として認めようというのが先制攻撃だ。

それだけに、この手段は、北朝鮮軍が韓国を攻撃することが確実になってからでなければ使えない。しかし、そんなギリギリの瞬間で反撃できるだろうか。

２０１６年9月5日正午過ぎ、北朝鮮は黄海北道黄州（ファンヘブクトファンジュ）付近の高速道路上から、３発のスカッドＥＲ弾道ミサイル（射程１０００キロ）を発射。１発目を撃った30秒後に、１秒間隔で2発目、３発目を続けて発射した。

ミサイルが落下した数時間前、日本の10万トン級ＬＮＧタンカーが、落下場所の南側約70キロの海域を北米方面から朝鮮半島に向けて航行していた。このとき北朝鮮は事前に航行警報を出していなかった。また、衛星による追跡が難しい夜間に、発射地点そばの弾道ミサイル基地から、移動発射台でスカッドＥＲを移動。高速道路上のトンネルに隠したうえで、発射直前に機体を引き出した。この場合、トンネルから移動発射台を引き出し、固定して発射するまでの時間が「先制攻撃」に許された時間帯と言える。

この動作を最も素早く行えるのはロシア軍と言われ、30分もかからないとされる。北朝鮮軍はロシア軍ほどではないが、1時間もかからないとされる。少なくともこのとき、日米韓は発射直前の動きをつかめず、このタンカーなど海域付近を航行する船舶に警報を出すことができなかった。たとえつかめても、北朝鮮軍が本当に韓国を攻撃するかどうかは、また別の問題だ。

さらに、北朝鮮軍は移動発射台を数十基保有するとみられている。潜水艦発射弾道ミサイルの実戦配備も間近とされる。同時多発的に発射態勢に入ったときにどうするのか。ましてや、米軍の偵察衛星、高高度偵察機のような充実した情報収集手段を持たない韓国軍が独自にこのキルチェーン作戦を実行することはほとんど不可能に近い。

## ミサイル防衛の死角

KAMDはどうか。韓国は地対空誘導弾「パトリオット」とほぼ同じ能力を持ち、高度30キロ程度までで迎撃するミサイル「M-SAM」と、高度30〜60キロで迎撃する「L-SAM」を開発している。これに既存のパトリオットと組み合わせ、迎撃するという。だが、韓国の軍事専門家の大半は「米国ですら開発が難航した迎撃ミサイルを、本当に独自開発できるだろうか」と首をかしげる。

たとえミサイルの開発に成功したとしても、北朝鮮のミサイルがいつ、どこから飛んでくるのかわからなければ、迎撃しようがない。

２０１６年8月3日、北朝鮮によるノドン中距離弾道ミサイルの発射で、韓国のミサイル防衛の情報収集に死角があることが明らかになった。韓国軍は当初1発とした情報を約5時間後に2発と修正したからだ。北朝鮮が3日午前8時前にノドン中距離弾道ミサイル２発を相次いで発射。1発目は直後に爆発したが、２発目が約１０００キロ飛行した。韓国軍は午前8時40分過ぎに発射数を1発と発表。同11時20分過ぎに2発とした米戦略軍の発表を受け、午後1時過ぎに修正した。

軍事関係筋によれば、北朝鮮が弾道ミサイルを発射した場合、米早期警戒衛星の赤外線センサーが熱源を探知。韓国軍は、烏山米空軍基地を通じて情報を得るが、米軍の情報が自動的に共有されていない弱点をさらけ出した。ミサイルが数キロ以上飛行すれば、韓国軍独自のレーダーで航跡を把握できるが、発射直後の爆発や墜落は追跡できない。

韓国軍は２０１６年末までに、米軍との間で北朝鮮の弾道ミサイルについて米軍との間で情報共有（データリンク）システムの全面運用を始めるとしたが、米軍がどこまで応じるかわからない。早期警戒衛星の情報も本来は自動的に提供されるとしていたのが、この日の結末は、「情報の蛇口を握っているのは米軍で、我々にはわからない」（軍事関係筋）という実態を思い知らせたからだ。

日本と韓国は2016年11月23日、軍事情報に関する包括的保全協定（GSOMIA）に署名した。韓国国防省は23日に配付した資料で「現実化した北の核・ミサイルの脅威に対し、日本の情報能力まで活用できるようになった」とした。北朝鮮のSLBMの関連情報の獲得に実質的な助けになるとも強調。韓国が構築を急ぐ独自の弾道ミサイル防衛（MD）にも役立つとした。

海上自衛隊には、対潜哨戒機P3Cが得た情報を蓄積、分析する対潜水艦戦作戦センター（ASWOC）がある。ハワイの米太平洋軍司令部とも連動し、潜水艦の種類や行動などを詳細に分析できる。

韓国海軍はASWOCに相当する機能が不十分で、哨戒機P3Cも「単なる上空からのパトロール機」という。昨夏の南北緊張時、出航した北朝鮮潜水艦約50隻のほとんどを見失った。北朝鮮が9月9日に行った5度目の核実験も、日本は情報衛星や通信傍受施設などの情報を総合し、ほぼ時期を特定。予測できなかった韓国側を驚かせた。

今後は、米国が「見せたくない部分を隠すことがある」（情報関係筋）場合でも、日本の情報衛星を使って不足した情報を補うこともできる。

ただ、それにも限界はある。あくまでも情報収集の大半は米国に頼っているのが現状だ。

2017年1月に発足したトランプ米政権は、地域の同盟国に更なる負担を求めこそすれ、在日米軍や在韓米軍が東アジアのために重い負担を抱えることを拒否するだろう。

そして、最後の手段とも言えるKMPRだが、これはあくまでも「相互確証破壊（MAD＝Mutual Assured Destruction）」理論に基づき、北朝鮮に核兵器使用を思いとどまらせるための方法に過ぎない。だが、元北朝鮮政府当局者はこう言う。「なぜ北が核兵器を開発するのか。体制を維持するためだ。体制が危機に瀕すれば、彼らはためらいなく核の発射ボタンを押すだろう」

金日成はかつて息子の金正日に「米国と戦って勝てるのか」と尋ねたことがあるという。その際、金正日の答えは「朝鮮のない地球など破壊してしまえばよい」だった。

## 韓国の核武装論

2016年5月。北朝鮮で36年ぶりとなる朝鮮労働党大会が開かれているころ、ワシントンで米韓統合国防協議が開かれた。米韓にはさまざまな安全保障会議があるが、この協議は在韓米軍基地の施設の補修から米韓同盟の大きな戦略まで、外交、国防当局者らが膝を交えて突っ込んだ話をする場として設けられた。

米側からはシアー国防次官補ら、韓国側からは柳済昇国防省国防政策室長らが出席したこのときの協議で韓国側が持ち出したのは、韓国で広がる核武装論だった。きわめて敏感で扱いを一つ間違えれば政治的に大きな波紋が広がる問題だが、この枠組みだからこそ扱うこともできた。

韓国側は、１月の北朝鮮による４度目の核実験を契機に、韓国側で核武装論が広がったことを紹介。そこから慎重に核武装論に話を進めた。ただ、米国側がすでに韓国の核武装や、米軍戦術核の朝鮮半島再配備を認めない立場を繰り返し表明していたことを、韓国側も十分理解していた。

この席で韓国側が持ち出したのは、「核兵器の共同管理（nuclear sharing)」だった。表現はとても慎重だった。「韓国政府は核武装論という立場をとらないが、核兵器の共同管理が実現すれば、国内の核武装論を緩和できるだろう」という言い方にとどめた。米側への要求ではなく、状況説明という形式をとった。

米国は１９９１年、当時の盧泰愚（ノテウ）韓国大統領が朝鮮半島の非核化を宣言したことを受け、在韓米軍の戦術核を完全に撤去したとされる。南北朝鮮は同年、南北非核化共同宣言を発表した。

韓国側が念頭に置いた共同管理は、朝鮮半島で米国が従来持ち込んでいた戦術核の管理をさらに発展させるもので、米国が北大西洋条約機構（ＮＡＴＯ）加盟国と行っている戦略だ。冷戦期、通常兵力で圧倒するソ連軍に危機感を抱いたドイツなどが、米国に核兵器の配備を要請。当時のドイツでは、今の韓国と同じように核武装論も巻き起こったという。結局、米国は現在、ドイツ、イタリア、ベルギー、オランダの４ヵ国に航空機搭載型の核爆弾を配備している。４ヵ国は土地を提供し、警備などに協力しているとされ、どの目標に対して共同管理する核兵器を使うのか、意見を言える。ただ、これは米軍あるいはＮＡＴＯ軍の核兵器戦術と重ならないようにするための参考意見に過ぎず、最終決定権は米国にあるとされる。

韓国は、米国がＮＡＴＯとの共同管理を韓国にも適用する可能性があるかについて、反応を測りたかった。それほど韓国内では、北朝鮮核開発に対する恐れと怒りが渦巻いている。

韓国与党・セヌリ党幹部の元裕哲（ウォンユチョル）前院内代表が率いる北朝鮮核問題を扱う議員集団（31人）は９月12日、「平和を守る自衛権レベルの独自核武装の計画を含むすべての対案を議論すべきだ」とする声明を発表した。韓国大統領の諮問機関、民主平和統一諮問会議は９月、米戦術核の韓国への再配備を促す建議書を大統領府に提出した。

**戦術核再配備で米中対立**

米国ものんびり手をこまねいてきたわけではない。

米国は２０１０年以降、日韓それぞれとの間で拡大抑止をめぐる定期協議を行い、「核の傘」への信頼を高める努力を続けてきた。米戦略軍の基地を公開して、極秘としてきた大陸間弾道ミサイル（ＩＣＢＭ）の発射システム（核のボタン）を見せたり、核兵器を使用する図上演習に参加させたりしてきた。

外交や軍事を組み合わせて戦争の勃発を防ぐ柔軟抑止選択肢（ＦＤＯ＝flexible deterrence option）も繰り返し実施。北朝鮮の5回目の核実験の際も、４日後の２０１６年9月13日には米太平洋軍が戦略爆撃機Ｂ１Ｂを韓国に派遣した。２機のＢ１Ｂがグアムの空軍基地を離陸し、ソウル近郊・平沢（ピョンテク）の在韓米軍烏山空軍基地付近を低空飛行した。ブルックス在韓米軍司令官は9月13日、同基地での記者会見で「北朝鮮の核実験は容認できない脅威だ。我々は韓国に拡大抑止を提供する」と強調した。

韓国軍の李淳鎮合同参謀本部議長は10月12日、米ネブラスカ州の米戦略軍司令部を訪れ、ヘイニー司令官と会談した。同本部によれば、李議長はＢ２ステルス爆撃機などを視察。へイニー氏は、米国の核の傘を含む拡大抑止力を提供する確固たる意思を示した。

それでも韓国では「北が韓国を核攻撃したとき、米国が報復覚悟で北を核攻撃してはくれないだろう」（専門家）という声が上がる。オバマ政権が核兵器の先制不使用政策を検討したと報じられたことや、トランプ米大統領が米大統領選の最中に日韓の核武装を許容する発言をしたことも、懸念を増幅させている。

「NATOならよくて、どうして韓国はだめなのか」。韓国の必死の姿勢に、米国も危機感を抱いた。旧ソ連軍と異なり、北朝鮮軍は脆弱で、通常兵力なら米韓連合軍が圧倒している。今、わざわざ核兵器を持ち出す必要はない。逆に、米韓が核兵器の共同管理に踏み切れば、北朝鮮が激しく反発し、核問題の交渉による解決がさらに遠のくのは火を見るより明らかだ。それどころか、日本や台湾などの一部にある核武装論を刺激して「核ドミノ現象」が起きかねない。

米側はこの協議で韓国にオバマ政権の「核なき世界」の政策を改めて説明。NATOとの核兵器の共同管理も削減したい考えを説明し、韓国側の発言に賛同できないと伝えたという。

韓国はなおもあきらめない。4ヵ月後の9月12、13の両日にソウルで開かれた米韓統合国防協議で、「米国が『核の傘』を必ず提供するという確実な保障がほしい」と改めて求めた。

だが、米側は韓国側の要請に対して、同盟国への攻撃を米国に対する攻撃と同じとみなして反撃する「拡大抑止」についての協議継続や、高高度迎撃ミサイルシステムの韓国配備の推進など、従来の政策を改めて確認しただけだった。戦術核再配備など新たな政策は打ち出さなかった。さらに米国務省のソン・キム北朝鮮政策特別代表は13日の米韓協議後の共同記者会見で、「両国首脳だけでなく、軍事専門家も戦術核再配備は必要ではないという決定を下した」と語り、駄目を押した。

韓国軍合同参謀本部は2016年10月7日の国会質疑で、原子力潜水艦の導入について「軍事や技術、財政を総合して積極的に推進する必要がある」と答弁した。米国が韓国の核武装や米戦術核の再配備を拒む以上、原潜導入論は、核武装を求める韓国世論を鎮めようとする選択肢として浮上している。

しかし、原潜はディーゼル型潜水艦と異なり、定期的に炉心を交換する必要があるなど、維持費がかさむうえ、保守管理をする施設費用もかさむ。ただでさえ、北朝鮮の軍事的な脅威が上がるなか、対潜水艦戦や弾道ミサイル防衛などで韓国の国防費は火の車になっている。「韓国核武装」は、韓国を自縄自縛にする危険な賭けでもある。

## 後方へ退く米軍

２０１６年7月18日、ソウルから南に離れた京畿道（キョンギド）平沢にある在韓米軍基地キャンプ・ハンフリーズで、在韓米軍主力、第2師団第8騎兵連隊の連隊旗掲揚式があった。南北軍事境界線に近い東豆川（トンドチョン）から最初の部隊移転の完了だった。境界線近くの米軍部隊は東豆川と議政府（ウィジョンブ）に集約されており、今後、北朝鮮の脅威に備えた一部を除くほとんどの部隊が２０１７年末までに平沢に移る。

2万８０００人余の在韓米軍がなぜ、後方に移転するのか。一部には、北朝鮮軍の脅威から逃れるためという説があるが、これは正しくない。北朝鮮はすでに多数の弾道ミサイルを保有しているうえ、最新型の多連装ロケットは平沢を直撃できるからだ。

在韓米軍の意図を解くカギは、彼らが韓国人を不安にさせないために頻繁に使う暗喩、「戦略的柔軟性」にある。これは、南シナ海や東シナ海など、アジアの各地で米中の対立が激化するなか、これまで北朝鮮の脅威にだけ備えてきた在韓米軍を他の地域に展開する狙いがある。実際、平沢は朝鮮半島西側の黄海にすぐ出られる場所に位置し、そばには米空軍の烏山基地もある。

この構想は15年前からあった。ジョージ・W・ブッシュ政権が在韓米軍の後方移転と集約を決意した背景には、２００１年９月の米同時多発テロがあった。国防費の大幅増が期待できないなか、全世界で起き得る危機に柔軟に対応する必要があると判断。朝鮮半島有事だけに備えてきた在韓米軍の海外展開も想定しはじめたという。

在韓米軍は２０１１年から、朝鮮半島以外での軍事演習に参加し、韓国軍以外と連携する能力を育ててきた。２０１５年夏には、米陸軍第２師団の主力旅団を、期間を決めて兵員を交代で送り込むローテーション制に切り替えた。米軍は究極的に、在韓米軍を大邱（テグ）・倭館（ウェグァン）・平沢・烏山・漆谷（チルゴク）の計５ヵ所に集約する考えだ。

もちろん、北朝鮮は当面の最大脅威だ。米国は最後まで米韓同盟を死守しようとするだろう。だが、トランプ大統領は選挙戦中、地域の同盟国である韓国や日本にも重い負担を要求し、在韓米軍や在日米軍の撤退にまで言及した。かつて７万人規模だった在韓米軍は現在約２万８０００人余にまで減った。

トランプ米新政権は、「孤立主義」「米国優先主義」を唱える。韓国内では、アジアの反共最前線を朝鮮半島ではなく日本とした「アチソンライン」や、ベトナム戦争を巡る疲労感から地域同盟国に更なる負担を求めた「ニクソンドクトリン」の再来を懸念する声が上がりはじめている。在韓米軍の数は今後、減ることはあっても増えることはけっしてないだろう。

## 16年ぶりの乱数表放送

２０１６年6月24日深夜1時過ぎ。北朝鮮の海外向けラジオ、平壌放送が突然、不思議な放送を始めた。「全国の地質踏査隊員のため、通信教育大学の物理学復習課題を伝える」。それから延々、十数分間、「何ページの何番」と数字ばかりを読み上げた。

7月15日にも、同じような放送があった。今度は「27号踏査隊員の数学実習課題」とし、やはり「何ページの何番」という形式で、数字だけの放送が続いた。

俗に「Ａ－３放送」と呼ばれる、乱数表の放送だった。北朝鮮がこの放送を行うのは、南北首脳会談の開催を機に停止した２０００年以来、実に16年ぶりのことだった。

北朝鮮はかつて、韓国や日本に派遣した工作員に対し、ラジオ放送で乱数表を伝え、工作員が北朝鮮から持参した暗号表と組み合わせて指示内容を確認していた。

韓国中央情報部（ＫＣＩＡ）で北朝鮮の情報分析を担当した康仁徳元統一相によれば、北朝鮮は１９７０～80年代、毎日2～3時間にわたって乱数表を読み上げた。その後は乱数表ではなく、オーディオファイルやメールを使うのが主流になっていた。

この謎の放送を巡って、「韓国や日本に潜むスパイを鼓舞する目的」「数十年前から潜伏している老スパイのための放送」といった解釈がさかんに行われた。

一方で軍事関係筋の一人はこう語る。「たしかに北はステガノグラフィー（情報隠蔽技術）を使って、データを関係のない画像や音声に埋め込んで発信している。とはいえ、いくら発達した隠蔽技術でも、理論的には分析できる。だが、乱数表は、暗号を解くタネ本がなければ分析できない」

さらに、最近、韓国政府が北朝鮮の工作員を摘発する際に有力な手がかりとなっているのが「偽装脱北」と「メール」である点も見逃せないという。

韓国政府によれば、ここ5年間に韓国で摘発されたスパイの9割が偽装脱北者だった。北朝鮮で特殊な教育を受け、韓国の執拗な尋問もかわせるように理論武装した工作員が続々と韓国に潜入しているという。だが、それでも5000万人もいる韓国人に対して、脱北者は3万人に過ぎない。韓国政府が監視下に置くことはそれほど難しいことではない。また、工作の指示や連絡を巡る手段である電子メールも、いくらフリーメールを使ったり、ステガノグラフィーを使ったりしても、送受信先の記録は残る。電子メールは傍受が可能だ。

だが、乱数表放送の場合、誰が命令を受けているのか、特定することはできない。軍事関係筋は「北朝鮮もこの事実に気が付いて、原始的ではあるが、乱数表を併用しはじめたのではないか」と語る。

そしてもう一つ。日米韓の安全保障担当者らの肝を冷やす事件が日本で起きた。２０１６年7月16日、山口県長門市の仙崎港。粗末な身なりの若い男が埠頭をさまよっていた。北朝鮮からやってきた脱北者だった。

警察の調べで、男性は禁じられている韓国ドラマなどをこっそり見ていたことがばれて、脱北を決意したと告白した。親戚に頼んで漁船に乗せてもらい、13日に北東部の清津港を出発。15日夜に仙崎港近くで海に飛び込んだという。

これに驚いたのが自衛隊と海上保安庁関係者だった。そんな漁船が接近していたことなど、まったく把握していなかったからだ。しかも、男性によれば、親戚は男性を仙崎港近くで落とすと、北朝鮮に引き返したという。慌てて朝鮮半島近くで大捜索が敢行されたが、その様子を見た韓国海上警察庁が尋ねてきた。「何をやっているのか」

これが脱北者でなく、武装工作員を乗せていたらどうなったのか。山口県には米軍基地もあるし、上関《かみのせき》原発の建設計画もある。

改めて北朝鮮の脅威が核とミサイルだけではないことを知らしめた事件でもあった。

# 第6章　たくましく生きる人々

## 長寿研究をした博士

古来、秦の始皇帝（紀元前259〜同210）に代表されるように、独裁者が行き着く最後の欲望は「不老不死」であるとされる。世襲権力で「金日成王朝」と揶揄される北朝鮮の独裁者たちも例外ではない。

北朝鮮から逃れた元政府当局者によれば、北朝鮮外交官の間には「峨眉山（アミサン）」と呼ばれる秘密コードがある。「峨眉山」とは、北朝鮮指導者の健康に良いとされる世界各国の名産品のことだ。中国なら「ツバメの巣」、スペインなら「オレンジ」といった具合に、世界各地の名品を金に糸目をつけずに買いあさった。元政府当局者は「金日成（国家主席）や金正日（総書記）の秘書室の連中は、世界にどんな名品があるか実によく知っていた」と語る。

「不老不死」とはいかないまでも、北朝鮮の指導者は長寿研究に怠りがなかった。北朝鮮には、かつて皇帝の長寿を祝うために使われた言葉からとった「万寿無彊（万年長寿）研究所」が存在するとされる。金炯洙（キムヒョンス）博士は、この研究所で1990年代に働いていた脱北者だ。旧チェコスロバキアに留学した大学教授の父と、金亨稷（キムヒョンジク）師範大などでロシア語や英語を学んだ母を両親に持つ生命工学の専門家でもある。

１９８０年から１９８７年まで金日成総合大学に在学し、生命工学を専攻した。高額な精密機器などは１９６０〜70年代のソ連、東ドイツ、ハンガリー製だったが、理論はしっかりしていた。欧米や日本の学術論文も読み放題だったという。金博士は「脱北後、ソウル大を訪れたが、生命化学分野では南北で教える内容にそれほど差はなかった」と語る。

研究所には１９９０年に入所した。金博士は「万寿無疆研究所は正式名称ではないし、全部で３ヵ所ある」と話す。

一番歴史がある機関は、１９７０年代に金日成主席のそばで食料を調達していた人物が創設した基礎科学研究所。２番目が１９８７年に創設されたマンチョンサン研究院。金正日が基礎科学研究所の実権を奪ったため、研究所の創設者が別に研究院をつくったという。もう一つ、チョンアムサン研究院もあった。金日成は３ヵ所を一つに統合するよう提案したが、金正日が「競争させないと成果が出ない」と言って拒否した。

金博士はマンチョンサン研究院に所属した。平壌市普通江（ポトンガン）区域にあり、１３０人ほどが働いていた。研究所には最先端の設備がそろい、１台が20万ドルもする機器もあったという。

北朝鮮では、長寿研究は護衛科学研究、金博士らは護衛科学戦士とそれぞれ呼ばれた。「金日成を最先端の生物工学で護衛する」という意味だった。

組織は7部門に分かれていた。第1室は検定分析室。アミノ酸やホルモンなど、健康に良い成分を見つけて分析する仕事だった。

第2室は食品補薬化室。食品すべてを補薬（健康補助食品）にする研究の部門で、金博士もここで働いたという。博士は脱北後、同じ仕事をしようと試みたが、韓国には類似の機関がなかったと語る。

金博士は「月見草が動脈硬化に良いと金日成に献上したのだが、金正日がそれを薬品化しろと指示してきたこともあった」と語る。世界中の外交官が送ってくる「峨眉山」を薬品化する研究もした。

金博士は「ただ、人間が一日にいくつもの違った薬を摂取するのは難しいのです」とも語る。金博士らは、長寿に必要な成分を食品に含ませる研究にも邁進した。第3室は生命工学室で、そのための遺伝子操作をしていたという。

北朝鮮にはさらにロイヤルファミリーや党高級幹部だけが使える烽火（ポンファ）診療所、中級幹部用の南山（ナムサン）病院、一般幹部用の赤十字（チョクシプチャ）病院などがある。烽火診療所だけは近くの道路が規制され、一般人は立ち寄れない。党中央直属の保健1局がロシアやドイツ、中国などからかき集めた最先端の診療器具や治療薬を備える。赤十字病院では臨床実験が行われ、そこには金日成や金正日と同じ年、同じ体格の人間が集められ、金博士らが苦心してつくった健康増進に配慮した食事や薬を摂り、効果を測定したという。

## 金日成の死で身の危険

果たして、この壮大な研究の成果は上がったのだろうか。

韓国統計庁によれば、最近の北朝鮮の人々の平均寿命は男性が66歳、女性が72歳程度だ。金日成は1994年7月、82歳で没した。金正日は2011年12月、69歳で死去したが、実際は70歳だったとみられている。北朝鮮の人々に比べれば長命だろうが、長寿研究が大成功だったと言えるほどの数値だろうか。

実際、金日成が死去したとき、「護衛科学戦士」たちに向かって「研究しておいて、なぜこんなに早く亡くなったのか」と尋ねる人もたくさんいた。研究所は、抗議に来る人々に取り囲まれ、ガラスが割られたこともあった。身の危険を感じた博士たちは、2ヵ月ほど十分に眠ることもできなかったという。

金博士はやや憤慨した口調でこう話す。

「金日成や金正日が、我々の研究した通りに行動すれば、100歳まで生きることも可能だったでしょう」「だって金日成も金正日も洋酒をコップについで、ぐいぐい飲んだんですよ。幹部を夜中の2時、3時に呼びつけて、いきなり飲ませもしました」「米国の脅威や体制への不安もあって、ストレスも多かった。いくら良い車でも、手入れをしなければ長く乗りこなせないのと同じです」

金正日は2008年8月、脳卒中で倒れた。同年中に公務に復帰したが、関係国の関心は「金正日がいつまで生きられるか」という点に集中した。

米中央情報局（CIA）と韓国の国家情報院は、金正日が脳卒中で倒れた2008年直後、同氏のCTスキャン画像を入手し、「余命は3～5年」と判断していた。

金正日が脳卒中で倒れた後、平壌に招かれたフランス軍の軍医が、金正日の頭部に小さな穴を開ける手術を執刀した。中国医療関係者による治療も加わった。CIAなどは手に入れたCTスキャン画像で金正日の脳内の状況を詳細に検討し、「3～5年内に再び脳卒中を起こす可能性が極めて高い」と結論づけた。

さらに、米韓は金正日が重度の糖尿病を患っている事実も知っていた。韓国政府元高官は「医学的に、重度の糖尿病患者が脳卒中を再び患った場合、延命が難しいという結論にたどり着いた」と語る。

韓国の玄仁沢（ヒョンインテク）統一相は２００９年7月、訪韓したキャンベル米国務次官補と会った際、「金正日は、あと数年の命」という意見で一致したという。

当然、この事実は金正日も知っていたとみられる。公務に復帰すると、馬車馬のように権力継承作業に邁進した。後継者、金正恩に対する英才教育、正恩の権力掌握の障害となりそうな組織や人物の粛清、中国やロシアとのトップ外交などだ。

別の韓国政府元高官は「権力継承を巡るストレスが、金正日の寿命を縮める結果になった」と語った。

北朝鮮は２０１１年12月19日、「金正日同志が12月17日午前8時30分、現地指導に向かう途中、度重なった精神的肉体的過労により、列車内で死去された」と発表した。脳卒中で倒れてから3年4ヵ月が経っていた。

では、その結果、権力を受け継いだ金正恩の健康状態はどうだろうか。

韓国政府は、権力継承時に約80キロだった体重は、今や１３０キロになったと推定している。当初は、祖父の金日成に似せるため、わざと増量したものの、体制を維持するためのストレスや権力闘争を巡る恐怖から過食が続いた結果だとみられている。

韓国政府はまた、すでに痛風や糖尿病を発症していると分析している。国家情報院は2016年10月の国政監査で、金正恩が心疾患にかかっている可能性があると報告した。

元高官は「金日成の家系は代々、心臓病の疾患者が多い」とも語る。北朝鮮のアンチエイジング研究は、金正恩を長寿に導けるのだろうか。

金博士はその後、ささいな出来事から研究所を追われ、故郷の北部・両江道（リャンガンド）に戻った。2009年になって、ひそかに聴いていた韓国のラジオ番組から、金正恩が後継者として登場したことを知った。「死ぬまで明るい世界を見ることができない」と思って脱北を決意。2009年3月10日、中国を経て韓国にたどりついた。今は家族も呼び寄せて、ソウルで一緒に暮らしている。

## 独裁政治を称賛した画家

北朝鮮にも芸術はある。ただ、芸術は一般市民のためのものではない。独裁者をあがめ、称賛するための手段としてのみ、存在する。

この考え方を確立したのは金正日だ。康仁徳元韓国統一相によれば、北朝鮮で1967年に公開された映画を巡り、金日成と敵対する政治グループを称賛しているという風聞が立った。金日成は激怒し、新しい映画をつくるように指示した。そこで名乗り出たのが、当時党宣伝煽動部の課長だった金正日だった。全国から芸術家や作家、美術家などをかき集め、『血の海』『花売る乙女』など、数々の映画をつくって激賞された。

金正日は映画や音楽、絵画などをひたすら独裁政治に利用した。

その現場を体験したのが、平壌美術大を卒業し、咸興（ハムン）芸術大で1986年9月から18年間、朝鮮画を教えたアンミヨン元咸興芸術大教授だ。

北朝鮮では、国家が芸術の才能がある人材を発掘する。金日成はかつて「子どもたちの能力に応じて、先生が人材を発掘せよ」と命じたという。アン元教授は「韓国と違って朝鮮では、芸術の才能は、国家が発掘するんです。国家のための芸術ですから」と語る。

平壌を訪れた外国人がよく連れて行かれる場所の一つに、万景台（マンギョンデ）学生少年文化宮殿がある。そこでは小学生くらいの子どもたちがバイオリンを弾いたり、美しい絵画を描いたりして、訪れた人々を驚嘆させる。「あそこは、優秀な子どもをさらに専門的に教える場所です。彼らには最高の特権が与えられていて、慶祝行事には優先的に選抜されます。金正恩たちに公演を見せる機会に恵まれるわけで、みんなそこに選抜されるよう必死になります」と語る。

「韓国が競争社会と言っても、北はもっと激しい。我々の視線の先には、たった一人しかいませんから。その人間を満足させることができる人間にならなければならないと誰もが考えます。だから競争も激しくなるんです」

北朝鮮の芸術は当初、日本で勉強した人たちが支えた。その後、1960年代まではソ連式のリアリズム芸術が流行した。金日成の肖像画も当初、レーニンやスターリンを描いた絵画が参考にされたという。主導していたのは、やはり金正日だった。彫刻や建物をつくる場合、「最高の高さを」という注文がよく来たという。

画家たちが重宝されたのは、金日成の栄光の時代を再現できるのが、彼らしかいなかったからだ。北朝鮮は「金日成は抗日パルチザンの英雄」とさかんに宣伝したが、証拠になる映像も写真もなかった。すべて芸術家が描いた。全部想像しながら。

「1970年代に事件がありました」とアン元教授は語る。平壌市内にパルチザン闘争時代の戦闘を記念した塔をつくることになった。塔に戦闘場面を描いた彫刻を施した。芸術家たちはもちろん、金日成の身長を他の人間より10センチ程度高くつくった。だが、完成後、関係者全員が炭鉱送りになった。「同じような人物ばかりで、誰が金日成なのか見分けがつかない」という批判が起きたからだった。

「金日成は太陽のイメージだから、他人より大きく描くのは当然ですし、表情も厳かに、偉人としての品格を表現しないといけません」。1970年代後半から、金正日の指示で、少しほほえんだ、慈愛に満ちた表情に変わったという。それが金日成の死後、頻繁に使われる笑顔の肖像「太陽像」につながったという。

## 芸術で外貨を稼ぐ

「独裁政治の先兵」としての北朝鮮芸術に、もう一つの使命が加わったのが1980年代だった。それは「外貨稼ぎの先兵」だった。

北朝鮮の経済が好調だった1960年代から70年代にかけ、アフリカ諸国から多くの首脳や政府高官が平壌にやってきた。喜んだ金日成が、贈り物政治を派手に展開した。

「金日成は、相手の贈り物よりも大きい品物をお返しすれば、相手が言うことを聞くだろうと考えたのです」とアン元教授は言う。エチオピアやタンザニアなどに、記念塔やスタジアムを贈った。すべてタダだった。「金正日は、これを有償にすれば、外貨稼ぎができると考えたのです」

北朝鮮の各道に美術創作社がある。そのなかに外部と美術品を取り引きする課があり、外貨稼ぎを担当した。購入者と協議して金額が決まれば、参加する芸術家を決めて制作する。

「私が参加した絵画で一番高く売れたのは、3人で2万ウォンを稼いだ時でした。90年代で、当時はコメ1キロが500ウォン、部屋が二つある不動産の価格が1万8000〜2万ウォン、私の月給3800ウォンの時代でした」

その外貨獲得の中心となったのが、万寿台（マンスデ）創作社だった。1956年ごろ、平壌美術製作所が母体になってつくられた。当初は、千里馬（チョンリマ）銅像や金日成銅像をつくっていたが、金正日が平壌ゴミ集積場を潰して、新たな施設を確保した。人員は約3800人。芸術家は120人程度で、残りは製作活動を助ける人々だった。銅像をつくるときに一日中ポーズを取るモデルや、美術家がつくった図案から型を取ったりする人もいた。金日成バッジをつくる部門もあり、肖像徽章《きしょう》創作団と呼ばれた。以前はガラス製だったが、今は樹脂でつくっている。

金日成や金正日が登場する壁画を製作する場合、万寿台創作社が図案を決めると、その写真が全国に流れる。道美術創作社の1号作品領像班が、その写真を拡大してつくるという。

万寿台創作社は労働党宣伝煽動部宣伝課の直属機関。煽動課は歌などの芸術団を管理した。道美術創作社は道党委員会のなかにある宣伝煽動部の直属だった。

「私が平壌美術大を卒業したときは、世間は万寿台創作社を労働者集団だと思っていました。行くのをやめろと言われたものです。1年間ずっと自宅に戻れず、現場に天幕を張って仕事をしていると聞きました」。だが。外貨稼ぎがさかんになるにつれ、万寿台創作社はエリート待遇になっていったという。

「外貨稼ぎの味を覚えた金正日が、1980年代から少しずつカネを受け取りはじめたのです。外貨稼ぎのために、アフリカ諸国に銅像をつくったり、道路をつくったりすることに熱を上げていました」。1990年代になると外貨稼ぎ専門の会社が出現。北朝鮮の美術を広めようと、中国や日本で展示会を開いたりもした。

北朝鮮では、どんな芸術家が高く評価されるのか。

「作品を描くとき、金日成やそれに近い人物を描けば名前が知られ、評価されます。功勲芸術家、人民芸術家という称号も得られます。20～30年以上作品を描いて評価を受けた人間が称号を受けました。実力が優れているよりも、年功序列が優先しました。一番良い称号は人民芸術家でした」と語る。

一方、世界の芸術を自由に勉強することはできなかった。宗教を否定する北朝鮮では、宗教画というジャンルもなかった。アン氏は韓国に来るまで、ダ・ビンチの「最後の晩餐」が宗教画だということを知らなかった。

一般家庭では、義務である金日成、金正日の肖像画を飾れば、他の作品を飾る場所などなくなる。部屋ごとに一定の数を飾るという規則があるし、その下には他の絵画を一緒にかけてはいけないという決まりだから、よほどの金持ちでもない限り、絵画を楽しむ余裕はない。絵画を飾った場所はあっても、それは金日成たちを称える場所であり、一般市民が芸術を楽しむ場所はどこにもない。

「朝鮮にも才能のある芸術家は大勢います。でも、他の作品に多く接することができないので、一定の水準に留まっています。今後、多様な海外の作品に触れることができれば、大きく発展するでしょう」

## 東南アジア北朝鮮食堂の女性たち

金正恩政権の急進的な軍事挑発路線によって近年、北朝鮮の外貨稼ぎが先細りになりつつある。韓国政府などによれば、輸出額の約50％、年間約16億ドルを稼いだ鉱物資源輸出は、

2016年3月から新たに国連制裁の対象になった。年間最大5億ドルを稼いだ武器輸出も打撃を受けた。推計で年間2・3億ドル稼ぐ海外労働輸出も、中ロ以外の国々が受け入れを拒む姿勢に転じた。厳しい環境にさらされた北朝鮮の外貨稼ぎの現場はどうなっているのか。

2016年7月、東南アジアのカンボジアとラオスで、計4軒の北朝鮮経営レストランを訪れた。北朝鮮レストランは中国や東南アジアなど12ヵ国に約130ヵ所あるといい、年間収益は1000万ドルにのぼるという。金正恩の個人資金を扱う朝鮮労働党39号室をはじめ、ほとんどの政府機関が外貨稼ぎの組織を持ち、競っている。

外貨稼ぎが厳しくなっているのはレストランも同じ。客の半数以上を占めてきたのは韓国人の観光客と在留者だが、韓国政府が「出入り自粛令」を出したからだ。第4章で書いたように、2016年4月には中国浙江省寧波市にある「柳京食堂」で働いていた女性従業員とマネージャー計13人が集団で脱出し、韓国に逃げるという事件も起きた。韓国政府によれば、制裁圧力の強化で閑古鳥が鳴き、世界で約130店の2割ほどが閉店した。

世界遺産アンコールワットがあり、観光客でにぎわうカンボジアのシエムレアプ。2015年の場合、一番多い観光客がベトナム人（全体の20％）、中国人は15％で約70万人、韓国は

8％で50万人を超えるくらいだ。10年ほど前にオープンした2軒の北朝鮮レストランも、中韓のお客さんで大いに繁盛していたが、現地の韓国人会が、何度も北朝鮮食堂の利用自粛を要請し、現地の韓国人はほとんど利用しなくなった。旅行社も基本的に韓国人旅行客を北朝鮮レストランに斡旋しなくなった。

7月下旬のある日の昼、2軒のうちの1軒「平壌親善館」を訪れた。2人の女性従業員がガラスドアを開けると、こもった湿気を感じた。テーブルが並ぶ広間は薄暗い。昼時でも冷房は切られ、客の姿がなく静かだ。席数は150。一日1回ショーをやっていたが、今はやめたという。ステージは使われていない様子だった。洗面所に行く途中の通路にアコーディオンが置かれたままになっていた。

円卓の個室に通され、メニューを開く。冷麺8ドル、北朝鮮から持ち込んだという冷凍スケトウダラのスープ17ドル。現地の韓国食堂なら冷麺は5ドルくらいだ。冷麺を頼むと「できない」。他にもいくつか断られた。客が少なくて食材を節約しているらしかった。

ビビンパプを頼んだ。注文後、個室内でメニューを撮影すると、従業員が飛んできた。「写真を撮ったでしょう」「メニューは撮影しないのがマナーです」。笑顔だが、有無を言わせず決めつける口調だ。「客が少ないですね」と水を向けると、「雨季だからですよ」といなされた。昼食時、正午から小一時間の間、客は私たちだけだった。

このレストランは私が訪れた約1週間後、閉店した。

同じ日の夜、すぐ近くにある別のレストラン「平壌冷麺館」を訪れた。２００２年にオープンし、客席は５００もある。「午後6時半からショーがある」と聞いたので、午後6時に訪れた。だが、客はほかに1組だけ。カンボジアのビール大瓶（5ドル）と自家製だという豆腐キムチ（3ドル）だけを頼んで、ショーを待つがなかなか始まらない。聞いてみると、7時に到着する中国人団体客を待っているという。

こちらは昼に訪れた「親善館」に比べると、女性従業員の表情が生き生きしている。それなりに営業が順調なのだろう。

20代のチマ・チョゴリを着た女性が私の席のそばに立ち、離れない。何かあれば、「トゥルチュクスル（北朝鮮で有名な薬草を使った焼酎。度数は30度もあるという）はどうですか。美味しいですよ」と話しかけてくる。値段を聞いたら1本１００ドルもするという。サービスというより、営業を兼ねているのだ。

ショーが始まるまでの間、この女性奉仕員（従業員）と話した。平壌出身の大学生で、現地に来て1年半が経つ。3年の予定なので、ちょうど折り返し地点だ。午後5時から5時間、立って接遇しているという。

英語、中国語で会話でき、ギターも弾くという。将来は通訳志望だ。履修の一環として3年の予定で海外に来て、同僚とレストラン上階で共同生活を送る。「余暇は皆で泳ぎに行ったりします。集団生活だから寂しくはない」と話す。

テレビは北朝鮮、中国、ロシアの番組しか見ないと言った。従業員は全員長髪で同じスタイルだ。「3ヵ月に一度、美容師が外からやってくるのよ。化粧品は平壌から持ってきた」と言う。父母とは電話と手紙でやりとりしているという。

韓国のことになるとムキになって反論する。「整形手術など朝鮮にはありません」「南韓の細いズボン（ジーンズ）や露出の多い服は信じられない。学生は携帯ばかり見て親が嘆いているんでしょう」

私が「あなたたちの国でも携帯が流行っているんでしょう」と反論すると、「携帯ではインターネットはやりません。『知能ゲーム』や写真や文字メッセージのやりとりです」と答えた。

7時半すぎ、ようやく20人ほどの中国人客が到着した。ショーが始まった。北朝鮮の歌謡曲、バイオリンの生演奏、踊りなどがきっかり30分。中国語のあいさつや歌もあった。ショーは客が多い日だけ行い、3日ぶりの開催だという。北朝鮮関係筋は「昔は在学生を海外に出さなかった。外貨稼ぎが過熱している証拠だ」と語る。制裁が厳しくなるほど、外貨稼ぎは必死さを増す。

カンボジアの首都プノンペンの北朝鮮レストランでは「クマの肝」や性機能改善薬を売っていた。ラオスの首都ビエンチャンのレストランはほとんどやる気がない様子で、頼んだ食べ物を出すだけ。女性従業員は注文を取るだけで何を話すわけでもなく、食べ物を運んだら厨房に引っ込み、帰るまで一度も顔を出さなかった。ここでは、北朝鮮の絵画を売っていた。

そこには共産主義や金正恩のため、理想に燃えて仕事に邁進するという姿はなかった。ただ、私たちと同じように仕事に追われて疲れた姿があるだけだった。

## ロシアで働いた北朝鮮元外交官

2016年8月17日、韓国統一省報道官は、北朝鮮のテヨンホ駐英公使が最近、夫人や子どもとともに韓国に亡命したと発表した。テ公使は、玄鶴峰（ヒョンハクボン）駐英大使に次ぐ地位にあった。同省は「過去に脱北した北外交官の中では最高位級だ」と強調した。北朝鮮では、1997年に駐エジプト大使が米国に亡命したことがある。

同省によれば、テ公使は動機について「金正恩体制に嫌気がさし、韓国の自由民主主義にあこがれた。子どもの将来も考えた」と話しているという。同省報道官は「北の核心階層の間で、金正恩体制に希望を持てず、北の体制が限界に来ているという認識が広がり、支配階層の内部結束が弱体化しているのではないか」と語った。

北朝鮮の外交官は外国でどんな生活をしているのか。2000年代後半にモスクワの北朝鮮大使館に勤務し、その後亡命した金旻奎(キムミンギュ)韓国又石(ウソク)大客員教授と会った。もちろん、この名前は偽名に過ぎない。家族がまだ北朝鮮に残っているからだ。

北朝鮮外交官は厳しい生活環境と思想統制のため、華やかさとは縁遠い生活を強いられている。金教授によれば、モスクワは北京と並ぶ北朝鮮最大規模の在外公館ではそれぞれ50人前後の外交官が派遣されているが、全員が家族を含めて敷地内の施設に住む。子どものうち1人は「人質」として平壌に残すよう指示される。部屋は2DKで約20坪(66平方メートル)ほど。テレビもあるが、主に北朝鮮国内向けの朝鮮中央テレビを衛星放送で視聴する。「仕事柄、英BBCや米CNNも必要だが、必ず仕事場で見るよう指示された」

街の映画館に入ることは厳禁だった。大使館外に出るときは必ず2人以上で行動。30分以上の単独行動は基本的に禁じられた。

月収は大使が450ユーロ（約5万5000円）、職員が350ユーロ。食費と電話代、ガソリン代だけで消えたという。「レストランでの接待や贈り物をする余裕はありませんでした。外交活動はもっぱら大使館で開く宴会で間に合わせました」と話す。

公館の運営などに使う資金稼ぎが重要な仕事だった。モスクワや北京など大規模公館には本国から送金があるが、わずかな額でとても足りなかった。

ただ、モスクワの場合、国際列車で平壌とつながっていることが幸いした。「荷物検査などが航空便よりも緩いし、大量に運べますから」

利益が大きかったのがモスクワで集めたペニシリンだった。毎月、同僚に頼んで国際列車で本国に送った。それを家族らが北朝鮮内で売った。同僚が手数料1割を取ったうえで、代金を再びモスクワに届けたという。

「外交官が酒や特産品の運び屋をやって稼ぐこともある」という。「酒が禁じられたイスラム教国にウイスキーやワインを密輸したり、第三国と第三国の間で荷物を運んで運賃をもらったりもします」。北朝鮮公館のなかには、ユースホステルとして施設を利用したり、闇カジノを開業したりする場所もあるという。

金教授はテ公使亡命の背景に、５月の朝鮮労働党大会を取材するため北朝鮮に入国したBBC記者が、「現実を歪曲して報道した」として勾留された事件があるとみる。「訪朝の許可を出したテ公使は責任を問われるでしょう」。さらに「(テ公使の) 子どもは海外で生まれた。北独特の思想統制で暮らしていけないと案じたのではないでしょうか」と推測した。

北朝鮮では亡命事件が起きるたび、労働党、秘密警察の国家安全保衛部、外務省がそれぞれ在外公館に検閲団を送り、館員と個別に面談する。金教授は「仲間がどんな話をするかわからないから、観念して (自分や仲間の) 不祥事を報告する場合も多い」と語った。

## 漁業で外貨を稼いだ元軍関係者

金正恩体制になり、日本海側を中心に、北朝鮮製とみられる木造船が日本各地に漂着する事件が相次いでいる。粗末な木造船で船体にハングルの文字。軍の所属を示すような表記もある。海上保安庁によれば、日本海側への木造船の漂着は、２０１２年が47件、２０１３年が80件、２０１４年が65件にのぼる。

なぜ、木造船の漂着が続くのか。

北朝鮮東北東部、咸鏡北道清津（ハムギョンプクトチョンジン）にある軍水産事業所で働いていた50代の男性と2015年12月に会った。日焼けしたがっしりした体格。人なつっこい笑顔で、漁業関係者と軍が外貨稼ぎで共生している北朝鮮漁業の実態を語った。男性は2000年代半ばまで、清津の事業所で、木造船6隻を扱って外貨稼ぎに従事していた。漂着した船舶は、主に日本海でイカ釣り漁などに従事しているという。

北朝鮮では「苦難の行軍」と呼ばれる大飢饉が起きた1995年ごろから、国家による配給システムが破綻した。男性によれば、国家経済に頼れなくなった人々が、自前で木造船を調達して、漁業で稼ぐようになったという。

ただ、個人で漁業を営めば、必ず取り締まりに遭い、良くても上納金を奪われ、悪ければすべて没収されて監獄に送られてしまう。そこで、外貨稼ぎに血眼になっている軍や国家安全保衛部（秘密警察）などに金を払って登録し、それらの機関傘下の船舶というお墨付きを得るのだという。北朝鮮では漁業で沖合に出るためだけで、10種類に迫る証明書が必要になる。当局との癒着なしに、漁業を続けていくことは事実上不可能だ。

一番人気は、最も取り締まりを受けにくい軍への登録だが、船員は軍人ではないという。魚の代金で燃料や船員の食糧などを購入したうえで、軍への上納金も求められ、年間約50万ドルを目標に設定された船もあるという。

中国との国境に近く外貨稼ぎに便利な清津だけで、こうした木造船は約２０００隻にのぼる。うち約7割が軍に登録しているという。

船舶はいずれも自前で調達した老朽漁船だ。男性は、テレビで日本の放送を見て、すぐ北朝鮮漁船だとわかったという。「粗末なつくりに、コールタールを塗って補強しただけの漁船など、朝鮮の船くらいしかないじゃないか」

北朝鮮では出漁前に、地上で朝鮮中央放送（ラジオ）などの天気予報を聞くだけで、木造船にはラジオも無線も積んでいない。北朝鮮の天気予報は不正確なうえ、天候の急変で遭難事故がしばしば起きるという。「こっそり、ラジオで韓国の天気予報を聞く人間も多い。命がかかっているから仕方がない」

男性は２０１５年12月、出張先の中国で、北朝鮮に残った知人と面会した。知人によれば、9月末から10月はじめにかけ、50人前後が5〜6隻の木造船に分乗し、日本海でイカ釣り漁をしていたが「悪天候により、3人を残して全員遭難した」という。また、２０１４年8月にも清津から出漁した漁船３００隻のうち、11隻だけを残して壊滅する遭難事故が起きたという。

北朝鮮では被害者への補償制度がなく、人々は日本で報道されている事実も知らされていない。それでも人々は粗末な船を操り、波荒い日本海に乗り出していく。韓国政府関係者は、その姿について「荒天のなか、木の葉のように揺れながら操業する様子は、自殺行為にしか見えない」と語る。事故が起きても、責任を取ることを嫌がってそのまま仲間を見捨てるケースもあるという。

そんな事情を知ってか知らずか、金正恩は2015年、付加価値をつけるため水産加工した製品のみを中国に販売して外貨を稼ぐよう指示したという。

「俺たちが命をかけて獲得したものではないか。非加工製品でも何でも中国に売ったほうが金になるのに」。こうした政策は漁業関係者の間で大いに不評なのだという。

# 第7章　金正恩と日本

## 再び動き出した拉致外交

北朝鮮が5度目の核実験を行う6日前、2016年9月3日。日本外務省アジア大洋州局の参事官、課長、事務官の3人が中国東北部、遼寧省大連市に入った。ちょうどこの日まで、ロシア・ウラジオストクで安倍晋三首相も参加した「東方経済フォーラム」が開かれ、翌4日からは、やはり安倍首相も参加する中国・杭州で主要20ヵ国・地域（G20）首脳会議が開かれることになっていた。

メディアの目が国際会議に集中していた間隙を縫った3、4両日、日本外務省の3人は北朝鮮の関係者と接触した。

先に声をかけたのは日本だった。7月10日投開票の参院選で安倍首相率いる自民党は勝利し、憲法改正に積極的な政治勢力の議席は、改正の発議に必要な全議席の3分の2を占めるに至った。政治的な安定を手に入れた安倍政権の狙いは、塩漬け状態になっていた2014年5月のストックホルム合意の再起動だった。

ストックホルム合意で、日本は北朝鮮に対する制裁を一部緩和することと引き換えに、北朝鮮が拉致被害者を含む日本人の再調査をすることになっていた。

ところが、日本と北朝鮮の思惑が食い違いをみせた。拉致問題の再調査結果が果たして日本の世論を納得させることができるのか自信がない北朝鮮は、第2次世界大戦当時、朝鮮半島で亡くなった日本人の遺骨返還問題や、戦後の帰国事業で在日朝鮮人とともに北朝鮮に渡った日本人配偶者の問題を進めながら、日本の世論の様子を見ようとした。

これに対して、日本側は直ちに拉致被害者の調査結果の提出を求めた。何度かの接触で、北朝鮮が準備していた再調査結果が、日本政府の期待に沿わない可能性が出てきた。日本政府内では当時、「そんなものを受け取って、拉致問題の幕引きをされたらたまらない」という声が渦巻いたという。

「受け取れ」「受け取らない」の押し問答が続くうちに、2016年1月、北朝鮮は4度目の核実験に踏み切った。2月には長距離弾道ミサイルも発射。日本は独自制裁を発表し、北朝鮮は調査の全面中止と調査を担う特別調査委員会の解体を宣言していた。

大連での秘密接触で、日本側は拉致問題の解決を改めて訴え、特別調査委員会を再び動かして、十分な調査を実施するよう求めたという。

接触から6日後の9月9日、北朝鮮は5度目の核実験に踏み切った。その2日後、金杉憲治アジア大洋州局長が、訪日したソン・キム米国国務省北朝鮮政策担当特別代表と外務省で会談した。
金杉氏は北朝鮮の核実験を強く非難し、国際社会による北朝鮮制裁に全面的に協力することを約束した。ただ、同時にこうも付け加えた。「日本にとって、拉致問題はけっして断念できない問題だ。今後、機会があれば交渉していく」。金杉氏は大連の秘密接触には触れなかった。

そして核実験からほぼ1ヵ月後、日本が3連休に入った10月8日。今度は二手に分かれて日本外務省の幹部が中国南東部を訪れた。大連の接触に参加した3人に、政府高官1人が加わっていた。4人はそれぞれ成田空港や関西空港からバラバラに搭乗すると、香港とマカオに分かれて到着し、北朝鮮側と2度目の接触を持った。

この政府高官は、安倍晋三首相の懐刀ともお気に入りとも目される人物。日本政府関係者は「彼が参加したとなると、官邸直結で総理直々の指示で動いているとしか考えられない」と語る。日本側は11月にも中国・広州で北朝鮮と3度目の接触を持ったとされる。

日本が2014年1月、その4ヵ月後のストックホルム合意につながる1度目の高官級秘密接触をベトナム・ハノイで持ったときと同じ流れだった。日本はその後、ほぼ1ヵ月おきに接触を繰り返した。

ただ、このときも北朝鮮は核実験の実施を窺わせるような動きをしていた。当時、日本政府高官は「もし核実験が起きれば、北朝鮮を非難する国際社会に配慮して、接触は断念せざるをえないだろう」と語っていた。２０１６年になり、この考え方はもう日本政府にはない。

２０１６年9月に再開された秘密接触がどんな結末をもたらすのか、この文章をしたためている２０１６年11月の時点では見通せない。だが、核とミサイルと拉致問題、その他の問題を解決してから国交正常化に至るという日本の北朝鮮外交は、実態として拉致問題を優先する外交になっているのは間違いない。

## 力を失った朝鮮総連

平壌中心部の金日成広場のそばに、北朝鮮外務省はある。北朝鮮外交官は１５００人ほどだが、海外に勤務する外交官は長期出張者も含めて３００人ほどに限られる。本国勤務の外交官たちは朝8時前から出勤して夜遅くまで働く。土曜日は生活総和のために出勤し、日曜日も午前中から昼過ぎまで働く日常だが、国際社会の制裁が強まるにつれ、本来の仕事は減っている。

典型的だったのが２０１６年７月に東南アジア諸国連合（ＡＳＥＡＮ）地域フォーラム（ＡＲＦ）に出席するため、ラオスに赴いた李容浩（リヨンホ）外相だった。当初、国際社会による制裁網を破ろうと、ラオス以外の東南アジア諸国を歴訪しようとしたが、「今は時期が悪いから」とすべて断られた。ラオスの人民革命党は１９７５年に政権を握る際、金日成国家主席から多くの支援を受けた。現在も当時の指導者は健在で、北朝鮮の数少ない友好国の一つとして知られるが、李外相の訪問について「国際会議への出席」としてだけ認め、ラオスとの二国間外交の機会を与えなかった。

そんななか、とりわけ存在感が薄いのが日本担当者たちだ。

北朝鮮外務省では、地域担当局には番号が振られ、北朝鮮にとって重要な国や地域ほど若い番号が振られている。第1局は中国、2局はロシア、3局は東欧といった順で、日本担当は第14局だ。5局のアラブ、6局のアフリカよりも低い扱いを受けている（一説には、4局ともされる）。

第14局のメンバーは約15人。普段は日本の新聞を読み、情勢分析を報告するくらいだ。外務省には「朝日会談常務組（事務所）」があるが、これは外務省だけでは日朝関係を推進できないため、他の部署から情報を集めたり、協力を求めたりするよう設けられた組織だ。

では、どの部署が対日関係で力を持っているのか。

従来から対日関係で力を持っていたのが朝鮮労働党だった。そのうち、国際部、対外連絡部、統一戦線部が主導権争いを繰り広げた。目当ては在日朝鮮人らを巡る利権だった。

長らくこの利権を独占したのが、姜周一（カンジュイル）氏だった。姜寛周（カングァンジュ）という名前でも知られた。姜氏は長く対外連絡部長として朝鮮総連の利権を握っていた。だが、日本のバブル経済崩壊や朝銀信用組合の破綻、日本人拉致問題の破綻などで、総連の組織力や資金力が徐々に低下。力を失った対外連絡部は金正日政権末期に内閣所属機関に格下げになり、２２５号室と看板を掛け替えた。凋落は止まらず、２０１３年までに今度は党統一戦線部に編入された。当時、統一戦線部長だった金養建氏は、党のポストを姜氏と奪い合った「犬猿の仲」で、当然、吸収した２２５号室を冷遇した。姜氏は２０１４年10月、失意のままこの世を去った。

２０１６年春に訪朝した総連関係者は驚いた。統一戦線部の担当責任者が、それまでの副部長から課長に格下げになっていたからだ。「ここまで総連の力も落ちたか」と、関係者らは肩を落としたという。金正恩時代になって、「金正日総書記の料理人」として知られる藤本健二氏が２度にわたって正恩と面談したのに対し、総連トップは依然、正恩と個別に面会できずにいる。

総連も必死だ。2016年5月の労働党大会の際、金日成と金正日の遺体が安置されている錦繡山太陽宮殿を改修し、屋根の部分を金箔にして水晶玉を飾るアイデアが浮上した。正恩は従来、重要な記念日ごとに幹部と一緒に宮殿を訪問。同宮殿が、正恩の世襲の正当性と権力を確認する重要な手段の一つになっていた。北朝鮮は、正恩の権威を高めようと、各機関や地区ごとに資金の分担を要求した。

総連幹部らはこれを聞いて勇躍した。邦貨で2500万円の負担が求められたが、渋る商工人や各組織を脅したり、すかしたりしながら、なんとかかき集めた。ところが、その後、幹部らの力が抜けるニュースが飛び込んできた。総連以外の組織が軒並み資金を集められず、事業が中止になったという内容だった。

この機会を諦めきれない総連幹部たちは鳩首協議した後、ミニチュアの金箔宮殿をつくって、平壌に持参したという。ミニチュアが宮殿に飾られたかどうかは定かではない。

統一戦線部もかつて国際部長を務め、日本に対する理解が深かった金養建部長が2015年末に交通事故で死去し、ますます日本との距離が遠くなっている。

## 2代目ミスターX

では、拉致被害者を管理しているとされる秘密警察、国家安全保衛部はどうなのか。ストックホルム合意後、徐大河（ソデハ）同副部長が特別調査委員長に就き、2014年10月に平壌で行われた日朝協議でも姿を見せた。

「問題は、保衛部がどこまで本当のことを話すかだろう」と脱北した元北朝鮮政府当局者は話す。「保衛部は力に任せてやりたい放題だった。拷問だっていとわない。そういう連中だから、拉致被害者には何もしなかったとは考えにくい。自分たちの知られたくない過去をどこまで話すかはわからない」とも語る。

結局、独裁者の金正恩がどこまでこの問題を解決する意思があるかにかかってくる。日本が2016年秋から始めた北朝鮮との再接触も、さまざまな日本と関係がある部署が金正恩に自らの仕事ぶりをアピールする忠誠競争の一つとみられるが、正恩がどこまで関心を持っているかはわからない。

かつて「ミスターX」と呼ばれ、2001年の日朝首脳会談を主導した柳敬国家安全保衛部副部長は、金正日と2人きりで酒を飲む仲とされた。自身、「私は、国防と治安をすべて統括している人間だ。米国で言うなら国家安全保障担当の大統領補佐官のようなものだ」と語り、保衛部副部長と呼ばれることを嫌ったという。

「2代目のミスターXは実在する。我々は直接連絡も受けている」と日本政府高官は確信を持って語る。だが、今、日朝交渉を仕切っている人物が、本当に正恩に決断を促せる人物なのかどうかは、まだわからない。

## 米朝の秘密接触

金正恩政権との接触を試みているのは日本だけではない。

2014年11月7日、米国のクラッパー国家情報長官が訪朝した。北朝鮮に拘束されていた米国人ケネス・ベー、マシュー・ミラー両氏を解放するためだったことは第4章に書いた。クラッパー氏は、国家安全保衛部の金元弘部長、偵察総局の金英哲局長らと会い、オバマ大統領の親書を渡した。

なぜ、情報機関トップのクラッパー氏が訪朝したのか。当時、オバマ大統領が、北朝鮮が米国人の解放を悪用することを懸念し、交渉しない意思を明確にするため、クラッパー氏を派遣したと伝えられた。

「理由はそれだけではなかったはずだ」と、米国と同盟関係を結ぶ某国の関係者は語る。オバマ政権は、ひそかに北朝鮮との間で情報機関による秘密接触を重ねていた過去があった。クラッパー氏の訪朝はその集大成だった。

最初の接触は２０１２年４月７日だった。米軍機がグアム基地と平壌間を往復した。そして8月18～20日にはやはり同じルートを米軍機が往復した。搭乗者は当初、国家安全保障会議（ＮＳＣ）のセイラー朝鮮部長と、国家情報長官室のデトラニ北朝鮮担当主任だとされた。

このとき、韓国から韓国軍機が緊急発進（スクランブル）するという事件が起きた。彼らが乗った米国機が事前に飛行計画（フライトプラン）を提出していなかったからだ。「お前たちは誰だ、どこに行くのか」。韓国側の問いかけに、米軍機は「平壌だ」とだけ答え、後は沈黙した。

これを受けた韓国側は大騒ぎになった。外見上、機体に描かれた星条旗を見ても、米国機であることは間違いなさそうだ。しかし、誰が搭乗しているのか、皆目見当がつかない。もしかしたら、拉致ではないか……。韓国側はこの米国機の管制を拒否し、米国側に必死で照会した。その間、米国機は黄海をさらに中国よりに飛んだところ、中国側からも同じ問いかけを受けるという事態も起きたという。結局、照会を受けた米国政府が「自国の航空機に間違いない」というお墨付きを与えて事なきを得たという。

誰がこの航空機に搭乗していたのか。接触のトップはセイラーでもデトラニでもなかった。中央情報局のマイケル・モレル副長官だった。モレル氏は1980年に入局して以来、33年間をCIAで過ごした。アジア・太平洋地域の情報分析の経験があり、2010年5月に副長官に就任。長官代行の経験もある大物だった。

モレル氏が2013年8月に副長官を退任した後、後任に就いたアブリル・ヘインズ氏も2015年1月に退任するまで、1〜2回にわたって平壌を訪れた。ヘインズ氏は国務省に勤務し、国家安全保障会議の法律顧問も務めた人物だった。

この「グアム－平壌便」のほか、CIAは要員を使って中国などで北朝鮮当局者との秘密接触を持ったという。「グアムや横田から平壌を訪れると、どうしてもレーダーや飛行許可の問題で日本や韓国に知られてしまう。かといって、軍用機ではなく、民航機に搭乗して訪れようとすれば、これも経由地の中国などで足がついてしまう。平壌に向かう民航機の搭乗客はすべて中韓などの情報機関がチェックしているからだ」(軍事関係筋)。

CIAは2015年9月末、当時、南北関係改善に向かっていた韓国の依頼で平壌に入ったが、やはり北朝鮮の核問題にかける強い意志は変わらなかった。以後、CIAが北朝鮮に入ったかどうかは確認されていない。

## オバマも何も得られなかった

ＣＩＡの目的は何だったのか。それは訪問の度に少しずつ変わった。たとえば最初の訪問時には、北朝鮮が予告していた長距離弾道ミサイルの発射を思いとどまらせるというメッセージを伝える仕事があった。２０１２年８月の場合、その年の11月に迫っていた米大統領選が終わるまで軍事的な挑発を抑え込みたいという思惑を抱えての訪問だった。もちろん、抑留された米国人の解放も目的の一つだった。

しかし、どの訪問のときも共通していた目的があった。それは２０１１年12月17日に死んだ金正日の後継者、金正恩の人となりや思想を知ることだった。ＣＩＡ副長官という大物を引っ張り出したのも、正恩に直接面会し、パイプをつくりたいという思惑からだった。

だが、面会の度、出てきたのは人民武力部長や国家安全保衛部長、党軍需工業部長らだった。正恩はおろか、当時のナンバー2だった張成沢国防副委員長にすら会えなかった。

面会できた連中も、「米国と凍結で約束したのは弾道ミサイルだけで、衛星運搬ロケットは関係ない」など、米国側の要求を無視し続けた。２０１２年11月6日の米大統領選では、その日に合わせて平壌郊外の山陰洞（サンウムドン）にある弾道ミサイル製造工場から機体を引き出して、平安北道東倉里（ピョンアンプクドトンチャンリ）のミサイル発射基地に向けた運搬を開始するという挑発を行った。

極秘のルートでCIA大物の訪朝を知った日韓は緊張していた。だが、結果的にオバマ政権は金正恩政権との間で驚くような成果を上げることなく、その任期を終えることになった。日韓政府関係者の一人は「結局、オバマも何も得られなかった」と語り、複雑な表情を示した。それは、米国に出し抜かれなくてよかったという安堵感と、北朝鮮から価値のある情報を引き出せなかったことへの徒労感が入り交じった表情だった。

もちろん、接触の顔ぶれは、安倍政権による秘密接触のスケールを大きく凌駕する。米国が、安倍政権の秘密接触を強く批判しない背景の一つには、交渉を前提としない情報機関同士の接触とはいえ、「自分たちもやっている」という思いがあるからだろう。

韓国も同じだ。北朝鮮が韓国軍哨戒艦を魚雷で沈めた2010年3月、韓国・大延坪島（テヨンピョンド）を砲撃した同年11月、韓国政府と韓国市民は激高し、北朝鮮への報復攻撃や制裁を声高に叫んだ。しかし、一方で韓国の情報機関、国家情報院と北朝鮮の国家安全保衛部は「こういうときだからこそ、密接に連絡を取り合おうではないか」とお互いに確認しあったという。

南北朝鮮の情報機関同士による秘密接触は、2011年はじめ、ミスターXの柳敬国家安全保衛部副部長が金正日によって処刑されてから、ほとんど下火になった。だが、いったん接触を再開すれば、ソウルと平壌をお互い極秘で行き来した豊富な経験を基に、すぐに密接な関係を再構築するだろう。

かつて、幼いころの正恩が訪れたこともある日本だが、北朝鮮に関する人的情報（ヒューマン・インテリジェンス）に限っては、米韓両国に追いつけるだけの実力はまだない。正恩が倒れる日までに、その差を埋めることはおそらくできないだろう。

２０１６年ぐらいから、平壌市内の道路のあちこちに小さな表示板が掲げられるようになった。表示板には、小さな文字で「○○商店」「○○企業所」などと書かれている。それは道路の清掃責任者を示す表示板だった。道路沿いに建つ事務所や家屋が、自分の目の前の道路に落ちたゴミや積もった雪などをきれいにするのだという。

また、かつての平壌は路線バスが24時間態勢で走っていた。工場を24時間態勢で稼働させるため、労働者の通勤手段を確保する必要があったからだ。深夜３時でも４時でも、本数は少ないが確実にバスは走っていた。ところが、今はせいぜい午前６時から午後10時までの運行に変わった。路線バスの本数は大幅に減り、その代わり「金主（トンチュ）」と呼ばれる新興富裕層が金を持った人間だけを集めて運行する「乗り合いバス」が多数出現している。

北朝鮮は、「苦難の行軍」と呼ばれた１９９５～１９９７年ごろの深刻な食糧難の時期に社会主義経済システムが崩壊。配給や無償医療、無償教育が大多数の地域で麻痺した。そして今や道路清掃程度の公共サービスも提供できない国家に成り下がった。かつて「地上の楽園」と豪語した面影はまったくない。

北朝鮮の人々の心も大きく変わった。北朝鮮関係筋の一人はこう言う。「朝鮮を本当に支えた人々の気持ちが離れてしまった」。北朝鮮には独特の階級制度がある。国への忠誠心が高いと思われる順に「核心」「動揺」「敵対」の各階層に分け、さらに計51の「出身成分」に細分化している。ただ、さらに別の見方をすると、「金正恩らロイヤルファミリーとその取り巻きといった特権階級」「朝鮮労働党の初級・中級幹部ら、金正恩体制を支える階級」「その他の一般人」の三つに分けられるという。このなかで最初に変わったのが「一般人」だった。「苦難の行軍」で国からの配給が途絶え、「国を信じていたら死んでしまう」という意識が芽生えた。すでにこの階級に属する人々の関心は金正恩から離れている。家庭のなかでロイヤルファミリーが話題になることはほとんどない。

そして今、心境に変化を起こしているのが、北朝鮮の核心ともいえる「金正恩体制を支える階級」の人々だという。彼らは過去、世間に対して、北朝鮮指導者の優秀性や共産主義の素晴らしさを説いて回った。職場や地域ごとに開かれる思想教育の時間だけではなく、酒場でもバスのなかでも、そうだった。「彼らはこの国を素晴らしい国にするのだという理想に燃えていたし、本当にできるとも思っていた」(同筋)。ところが最近、彼らは決められた学習の時間でこそ、口々に金正恩を褒め称え、日本や米国などをあしざまにこき下ろすが、いったん所定の時間が終われば、突如として表情を変え、何事もなかったようにその場を去って行くのだという。同筋は「彼らも食べていくのに忙しい。副業もやらなければいけない。党の仕事は義務だからやるが、それ以上のことはやらないのだ」と明かす。携帯電話や韓国ドラマの流入などで、もはや北朝鮮が素晴らしい国ではないこともわかっている。

北朝鮮はかつて「思想」「恩恵」「恐怖」の三つで市民を引っ張ってきた。だが、今や経済的な恩恵を与える力もなく、思想で縛ることもできない。2011年末に政権を引き継いだ金正恩は経済の一部を自由化し、市民が勝手に食べていく環境をつくることで「恩恵」に代えようとしたが、それは逆に市民に資本主義的な「思想」を植え付ける結果を招いた。本書で触れた、首都・平壌への不法な人口流入は、産業革命後の英国や、経済改革後の中国やロシアでも見られた、資本主義初期段階の現象でもある。

金正恩が残る「恐怖」を使おうとすればするほど、自らの首を絞めることになるだろう。北朝鮮の大多数の人々は、私たちと同じように聡明で人生に真摯に向き合って生きている。金正恩がこの人々の営みがつくり出す未来を壊すことはできないだろう。

**牧野愛博**

朝日新聞ソウル支局長。1965年、愛知県生まれ。早稲田大学法学部卒業後、大阪商船三井船舶(現・商船三井)に勤務し、1991年、朝日新聞社入社。瀬戸通信局、政治部、販売局、機動特派員兼国際報道部次長、全米民主主義基金(NED)客員研究員などを経て現職。著書に『北朝鮮秘録　軍・経済・世襲権力の内幕』(文春新書)、『戦争前夜　米朝交渉から見えた日本有事』(文藝春秋)がある。

講談社＋α《プラスアルファ》新書　757-1 C

**金正恩《キムジョンウン》の核《かく》が北朝鮮《きたちょうせん》を滅《ほろ》ぼす日《ひ》**

牧《まき》野《の》愛《よし》博《ひろ》 ©The Asahi Shimbun Company 2017

2017年2月20日第1刷発行

発行者―――― 鈴木 哲

発行所―――― 株式会社 講談社

東京都文京区音羽2-12-21 〒112-8001

電話 編集(03)5395-3522

販売(03)5395-4415

業務(03)5395-3615

デザイン―――― 鈴木成一デザイン室

カバー印刷―――― 共同印刷株式会社

印刷―――― 慶昌堂印刷株式会社

製本―――― 株式会社若林製本工場

本文データ制作―――― 講談社デジタル製作

定価はカバーに表示してあります。

落丁本・乱丁本は購入書店名を明記のうえ、小社業務あてにお送りください。

送料は小社負担にてお取り替えします。

なお、この本の内容についてのお問い合わせは第一事業局企画部「＋α新書」あてにお願いいたします。

本書のコピー、スキャン、デジタル化等の無断複製は著作権法上での例外を除き禁じられています。本書を代行業者等の第三者に依頼してスキャンやデジタル化することは、たとえ個人や家庭内の利用でも著作権法違反です。

Printed in Japan

ISBN978-4-06-272974-1

講談社+α新書

台湾で見つけた、日本人が忘れた「日本」　村串栄一
激動する〝国〟台湾には、日本人が忘れた歴史がいまも息づいていた。読めば行きたくなるルポ　840円 751-1 C

世界一の会議　ダボス会議の秘密　齋藤ウィリアム浩幸
なぜダボス会議は世界中から注目されるのか？ダボスから見えてくる世界の潮流と緊急課題。　840円 752-1 C

欧州危機と反グローバリズム　破綻と分断の現場を歩く　星野眞三雄
英国EU離脱とトランプ現象に共通するものは何か？　EU26ヵ国を取材した記者の緊急報告　860円 753-1 C

儒教に支配された中国人と韓国人の悲劇　ケント・ギルバート
「私はアメリカ人だから断言できる!!　日本人と中国・韓国人は全くの別物だ」――警告の書　840円 754-1 C

日本人だけが知らない砂漠のグローバル大国UAE　加茂佳彦
なぜ世界のビジネスマン、投資家、技術者はUAEに向かうのか？　答えはオイルマネー以外にあった！　840円 756-1 C

金正恩の核が北朝鮮を滅ぼす日　牧野愛博
格段に上がった脅威レベル、荒廃する社会。危険過ぎる隣人を裸にする、ソウル支局長の報告　860円 757-1 C

表示価格はすべて本体価格（税別）です。本体価格は変更することがあります